Kurt Lussi

*Liebes*trünke

Mythen, Riten, Rezepte

AT Verlag

Bei den in dieser Publikation wiedergegebenen Rezepten und Informationen handelt es sich um geschichtliche Angaben. Verlag und Autor lehnen jede Verantwortung für etwaige Folgen, die aus ihrer Anwendung und Umsetzung resultieren, ab.

AT Verlag, Baden und München
Fotos und Sammlung Kurt Lussi, soweit nicht anders angegeben
Lithos: AZ Print, Aarau
Druck und Bindearbeiten: AZ Druck und Datentechnik, Kempten
Printed in Germany

ISBN 3-03800-271-2

www.at-verlag.ch

Inhaltsverzeichnis

Vorwort

Im Liebeszauber vermischen sich Magie, Medizin und Volksglaube zu einem nur noch schwer entwirrbaren Ganzen. Für mich eine faszinierende Ausgangslage, denn um sich dem Phänomen in seiner Gesamtheit nähern zu können, ist es unverzichtbar, sich vorerst mit den einzelnen Aspekten zu befassen und dabei in Wissensgebiete vorzudringen, die mit der Volkskunde nur am Rande zu tun haben.

Anlass dazu bilden Fragen, die sich im Zusammenhang mit dem Liebeszauber stellen: Wirken Liebestrünke durch ihre Substanzen oder einfach deshalb, weil man von ihrer magischen Kraft überzeugt ist? Dass maßvoll genossener Wein der Liebe förderlich ist, wird wohl kaum jemand bezweifeln. Aber was haben Absinth, Cannabis, Muskat- und Nelkenöl mit Liebeszauber zu tun?

Fragen über Fragen. Zu einigen habe ich mich bereits in früheren Arbeiten geäußert. Sie erschienen in wissenschaftlichen Jahrbüchern und Zeitschriften, die heute vergriffen oder nur schwer erhältlich sind. Dazu kommen neue Erkenntnisse und Texte zu den Themen Liebeszauber und Liebestrank. All das habe ich im vorliegenden Buch zusammengefasst. Für die volkskundlich interessierten Leser und Leserinnen entfällt damit das mühsame Zusammensuchen der verstreut bibliografierten Einzelarbeiten. Zusätzlich finden sie neue Informationen und zum Teil noch nie publiziertes Bildmaterial. Hinzu kommen Hinweise auf viele heute noch hergestellte Kräuterbitter und gewürzte Weine, die auf alte Liebestränke zurückgehen beziehungsweise durch ihre Inhaltsstoffe oder ihre Wirkung mit ihnen in Beziehung stehen.

Einen großen Dank habe ich Christian Rätsch abzustatten, meinem langjährigen magischen Wegbegleiter, auf dessen ethnomedizinische Werke ich immer mit Gewinn zurückgreife. Dank gebührt auch Josef Bucher, Giangiacomo Carbonetti und Karl Katzenmeyer, die mir verschiedene Rezepte zur Verfügung stellten, sowie den vielen Helferinnen und Helfern, die zum Gelingen dieses Werkes beigetragen haben. Danken möchte ich auch Käthy und Ivano Friedli, den Inhabern der Distillerie Studer & Co. AG in Escholzmatt. Sie ließen es sich nicht nehmen, den in diesem Buch in einem eigenen Kapitel beschriebenen Hypokras in einer Auflage von 1500 Flaschen nachzubrauen. Wohl bekomm's!

Ruswil, zur Zeit der erwachenden Natur 2006

8

Ensemble nous irons...
Ensemble nous irons de l'aurore au couchant
Vers le bonheur promis à tous les coeurs aimants!

Liebe auf den ersten Biss

Oder auf den ersten Blick. Die Augen sind die Fenster zur Seele. Die von ihnen ausgehenden Blicke sind die Träger von Sehnsüchten und innerer Bewegtheit, aber ebenso von Hass und Missgunst. Dies kommt auch im Sprachgebrauch zum Ausdruck. Nicht umsonst spricht man von warmherzigen und liebenden, aber auch von stechenden, kalten und lüsternen Blicken. In der Liebe schaffen Blicke die Verbindung zwischen den Herzen. Das Verlangen nach Zuneigung äußert sich in fragenden, Desinteresse in abweisenden Blicken. Liebende sehen sich tief in die Augen, als ob sie auf diese Weise in die Seele ihres Gegenübers sehen könnten. Im Gegensatz dazu würdigt man Menschen, die einem gleichgültig sind, keines Blickes. Die Liebe, so scheint es, steht und fällt mit dem Augenkontakt.

Einen Augenblick, werden Kenner einwerfen, Liebe geht doch vor allem durch den Magen. Da haben sie wohl Recht, ebenfalls Recht, ist man geneigt zu sagen. Die Liebe, mit der die Köchin oder der Koch ein Gericht zubereitet, überträgt sich auf die geliebte Person. Daraus folgt: Kochen ist mehr als die bloße Zubereitung von Speisen, sondern eine rituelle, wenn nicht gar eine magische Handlung. Gerichte für Gäste, auf die man sich freut, gelingen fast immer. Anders verhält es sich mit den Mahlzeiten für Besucher, die man lieber gehen als kommen sieht. Menschen zum Beispiel, die mit akribischer Sorgfalt jedes Restchen verbliebenen Fettes vom Fleisch wegschneiden (weil es ungesund ist) oder die beim Nachschenken des Weins schon fast beleidigt die Hand über das Glas halten (es könnte ja der Leber schaden). Oder Besucher, die grundsätzlich nur Mineralwasser trinken, das mit bestimmten Schwingungen geladen ist und die schon beim Wort »Zigarette« einen Hustenanfall kriegen. Ihre Grenzen sind jene, die ihnen andere setzen, ihre Meinung ist gemacht: Gut ist, was Norm ist.

Wirklich? Gehören nicht auch gelegentliche Auswüchse zum echten, wahren Leben? Eine schon fast ketzerische Frage angesichts der Tatsache, dass heute der statistische Durchschnitt das Maß aller Dinge zu sein scheint. Mit dem Trend gehen und das Erreichte halten ist die Devise. Dass dabei nur Stagnation möglich ist, liegt auf der Hand. Wer nie aus dem Alltag ausbricht und irgendwann einmal abstürzt, erlebt auch keine Höhenflüge.

Junges Glück: Liebe auf den ersten Blick.
Farbpostkarte, Frankreich, um 1950.

»Können Sie mir nur fünf amerikanische Schriftsteller seit Poe nennen, die nicht am Alkoholismus gestorben sind?« pflegte Sinclair Lewis (1885–1951), der als erster Amerikaner den Nobelpreis für Literatur erhielt, bissig zu fragen. Ernest Hemingway (1899–1961), einer der bekanntesten amerikanischen Autoren (»Der alte Mann und das Meer«, »Tod am Nachmittag«, »Wem die Stunde schlägt« u. a.), fällt zweifellos weg. Sein exzessives Trinken, das sein Spätwerk nachteilig beeinflusste, ist allgemein bekannt. Und auch sein Abgang: Hemingway nahm sich mit einer Schusswaffe das Leben. William Faulkner, ein anderer unter den ganz Großen, trank viel und gerne, besonders in Gesellschaft. Legendär waren seine ausschweifenden Trinkgelage, die regelmäßig in sogenannten »Zusammenbrüchen« endeten.

Von Auswüchsen begleitet war auch das Leben vieler Schriftsteller der alten Welt. Ein Beispiel dafür ist der der großartige britische Dichter und Erzähler Malcolm Lowry (1909–1957, »Fünfunddreißig Mezcals in Cuautla«, »Ultramarin« u. a.). Lowry kannte kein Maß. Wechselnde Phobien und Hautausschläge machten ihm zeitlebens zu schaffen. Der König unter den schreibenden Trinkern starb im achtundvierzigsten Lebensjahr – an einer Überdosis Schlaftabletten, die er im Suff genommen hatte. Ein anderer, Oscar Wilde, bevorzugte Brandy und Absinth, und E. T. A. Hoffmann starb an einer Leberzirrhose, eine Folge seines ständigen Alkoholkonsums. Die Reihe könnte fast beliebig fortgesetzt werden.

Gewiss, das gibt zu denken. Dennoch, maßvoll genossen wirkt Alkohol anregend, besonders auch in Liebesdingen. Bleiben wir also dabei: Liebe geht durch den Magen und zwar betrifft dies das Essen und das Trinken. Dem bleibt eigentlich nur noch beizufügen, dass das Drumherum fast ebenso wichtig ist, zumindest bei jenen Paaren, bei denen sich die Kochkünste nicht auf die Bedienung der zwei Knöpfe am Mikrowellengerät beschränken, um die mit Eis überkrusteten, vor Kälte erstarrten Industrieprodukte mittels Mikrowellen zum Leben zu erwecken. Dazu braucht es wahrlich keine Seele, sondern allenfalls etwas technisches Verständnis oder – je nach Marke – etwas Deutsch- oder Englischkenntnisse zum Lesen der Gebrauchsanleitung.

Dass Fastfood und tiefgefrorene Fertigmahlzeiten seelenlos sein sollen, passt den Herstellern nicht, und daher unternehmen sie alles, um uns das Gegenteil glauben zu machen – interessant ist dabei für uns, mit wel-

Entrata libera: Wein weckt keine Untugenden, er bringt sie nur ans Licht. Farbpostkarte, Italien, um 1910.

chen Mitteln sie dies tun. In den Werbespots zaubert die gut gekleidete Hausfrau quasi aus dem Nichts die besten Menüs auf den Tisch, mit einem strahlenden Lächeln und gepflegt manikürten Händen, die man sich kaum beim Zwiebelschneiden vorstellen könnte. Die zwei Kinder mampfen munter drauflos und tun so, als ob ihnen die Bandnudeln aus dem Alubeutel schmecken würden. Der später dazustoßende Mustergatte schnuppert genießerisch am dampfenden Gericht und wirft seiner Angetrauten liebevolle Blicke zu. Die Werbebotschaft ist eindeutig. Dank der Beutelnudeln stimmt das Essen und mit ihm die Liebe. Liebe geht eben doch durch den Magen, auch bei Industrieprodukten – man muss nur daran glauben.

Senderwechsel. Zwei frisch Verliebte sitzen einander am weiß gedeckten Tisch gegenüber, flackernde Kerzen verbreiten warmes Licht, im Hintergrund dudelt klassische Musik. Glänzende Augen und Händchenhalten. Beide schauen einander an, lächeln sich verliebt zu. Eine knisternde Spannung liegt in der Szene. So wars bei euch auch einmal, suggeriert der Werbespot. Und es kann wieder so sein, wenn – wenn was? Die Lösung lässt noch einen Moment auf sich warten, bis der Mann genau in dem magischen Moment, als das Techtelmechtel in die entscheidende Phase tritt, aufsteht und den Tisch verlässt. Denn: »Apérohäppchen« heißt das Zauberwort, »Apérohäppchen mit Käse« aus der Mikrowelle. Die Geliebte schmunzelt wissend, ihr kann er nichts vormachen. Sie hat ihn durchschaut. Auch sie kennt ihn, den seelenlosen Indus-

Schwer verdaulich: das bekannte »Choucroute« der Elsässer. Postkarte, um 1980.

triesnack, der einem später nicht nur auf dem Magen liegt, sondern sich den ganzen Abend durch unangenehmes Aufstoßen bemerkbar macht. Die alten Hasen wissen: Der Liebe ist Derartiges nicht förderlich. Wer mag schon an Liebe denken, wenn das Essen schwer auf dem Magen liegt und aufstößt, Käsiges zumal? Das Gleiche gilt auch für fettige und schwer verdauliche Speisen wie zum Beispiel das mit Kasseler Rippchen, Räucherspeck, Schweinshaxen und geräucherten Würsten garnierte *Choucroute* der Elsässer oder die von Blut- und Leberwürsten dominierte *Metzgete* der Schweizer.

»Voller Bauch studiert nicht gern«, heißt ein geflügeltes Wort. Ein voller Bauch kann auch die Ursache für Unlust in der Liebe sein. Das Blut sammelt sich im Magen statt anderswo. Die Folge: Der Mensch wird schläfrig. Für die Lust und die Liebe bleibt kaum noch was übrig. Das gilt besonders dann, wenn sich schwer Verdauliches im Magen festsetzt und sich zur Darmträgheit auch noch Verstopfung gesellt. Um dem abzuhelfen, griff man früher zu Kräuterschnäpsen und Gewürzweinen, deren Rezepturen von Generation zu Generation vererbt wurden. Sie räumten mit dem Ballast auf, brachten den Magen wieder in Ordnung und das Blut in Wallung. Kräuter, Gewürze und Alkohol, die ideale Kombination: Erstere räumen auf, und der Alkohol regt an.

Womit wir beim Thema wären.

Ende gut, alles gut: Bis zum Ersten Weltkrieg trug die Braut ein schwarzes Kleid, weiß war lediglich der Schleier. Hochzeitspaar aus Luzern, um 1910.

Magenstärker: Werbepostkarte für Campari (um 1960) und eine Anzeige für Eisentinktur aus dem »Kalender des Allgemeinen Wegweisers«, Berlin, 1915.

Muterneuerer und Kastenwasser

Liebestränke aus der Innerschweiz

Die Zentralschweiz besitzt nicht nur einen reichen Schatz an vorchristlichen Glaubens- und Brauchtumselementen, sie bewahrt auch das Wissen um scheinbar vergessene Rezepturen und wundersame Heil- und Liebestränke, die wie ein übertünchtes Fresko im Verborgenen da sind. Für den Außenstehenden, den Fremden, ist es nicht einfach, hinter die Kulissen zu blicken und zum Kern dieser Überlieferungen vorzustoßen. Zwar geben sich die Alteingesessenen – zumindest nach außen – tolerant und weltoffen. Doch das täuscht nicht darüber hinweg, dass sie sich dafür in ihren ureigensten Dingen umso mehr verschließen.

Zu den gut gehüteten Geheimnissen gehören Rezepte, die in der Regel nur innerhalb der eigenen Familie weitergereicht werden. Das erklärt, weshalb wir manchmal nur durch einen Zufall von ihrer Existenz erfahren. Sie aufzuspüren braucht Zeit und immer auch Geduld. Dabei ist es dem Volk wohl kaum bewusst, dass viele dieser Mixturen Zutaten mit aphrodisierender Wirkung enthalten. Immerhin trägt man der ursprünglichen Bedeutung dadurch Rechnung, dass die *Lebensverlängerer*, die *Magenstärker* und *Muterneuerer* dem Gast auch heute nur bei besonderen Gelegenheiten angeboten werden.

Die Zurückhaltung erinnert an die Zeit, da diese Spezialitäten sorgsam unter Verschluss gehalten wurden, weil sie ursprünglich dem *Kilter*, dem Brautwerber, bei seinem Antrittsbesuch vorbehalten waren. Einerseits gab die Familie durch das Aufstellen eines *Muterneuerers* zu verstehen, dass sie mit der Werbung einverstanden war. Andererseits hatten die Liebestränke auch die Aufgabe, einer allenfalls vorhandenen Schüchternheit entgegenzuwirken, was besonders dann von Nutzen war, wenn der nunmehr bekannte Freier bei einem heimlichen nächtlichen Besuch in die Schlafkammer des Mädchens stieg, wo ihn die Geliebte mit dem süßen Trank empfing.

Hier verbirgt sich auch das eigentliche Geheimnis des Liebestranks: Der *Buhler-Tranck* oder *Virus amatorius*, wie ihn 1738 ZEDLER[1] in seinem großen

1 Das »Große vollständige Universal-Lexikon« des Leipziger Verlegers Johann Heinrich ZEDLER entstand in den Jahren 1732 bis 1754. Es umfasst 64 Folio-Bände mit 750 000 Artikeln auf 62 571 Seiten. Es ist das größte zu Ende geführte deutsche Lexikon. Der Liebestrank wird in Band 17, Spalte 995 (Blatt 517) besprochen.

Kiltgang: genrehafte Darstellung nach Sigmund Freudenberger (1745 bis 1802). Ganz rechts steht eine verkorkte Flasche, die vielleicht einen Liebestrank enthält.

Universallexikon aller Wissenschaften und Künste nennt, verschafft weder erotische Träume, noch steigert er die Potenz. Seine Wirkung besteht vor allem darin, dass er durch den darin enthaltenen Alkohol veränderte Bewusstseinszustände erzeugt, in denen natürliche Fantasien und Wünsche hervortreten, die sonst vielleicht durch anerzogene Hemmungen verdrängt werden. Die bei der Herstellung verwendeten Gewürze und Kräuter wirken zusätzlich anregend und verhindern gleichzeitig Verdauungsbeschwerden, die nach ZEDLER und MOST zusammen mit schwerem Essen und übermäßigem Genuss von Spirituosen die wichtigsten Gründe für Lethargie und sexuelles Unvermögen sind (vgl. MOST [1843] 1973: 19).

Die Bereitung von Liebestrünken wird schon früh als gefährlich eingestuft. Die Bußbücher des Mittelalters bezeichnen ihre Herstellung als todeswürdiges Vergehen, und besonders die Prediger eiferten dagegen. Alte Frauen und Witwen, heißt es, brauten die Trünke und lehrten den Zauber, womit sie sich wie jene, die sich dieser Mittel bedienten, strafbar machen würden.

Doch der Gebrauch von Liebestrünken war nicht nur eine Sache des gemeinen Volkes. Auch Fürsten und selbst Könige scheuten sich offenbar nicht, mit ihrer Hilfe die Gunst der begehrten Frau zu erzwingen. Zwischen Ludwig dem Frommen und Judith, wie auch zwischen Lothar II. und Teutberga, sollen Liebestrünke Unheil gestiftet haben. War es böse Absicht oder bloß Zufall, dass einige dieser Herren, stille Genießer vielleicht, wegen eines allzu starken Liebestranks vorzeitig ihre Zepter abgeben mussten? Von Mathilde von Artois heißt es, dass sie mit einem Liebestrank aus Kröten und Schlangenpulver den Tod König Ludwigs X. verursachte. Auch der sächsische Kurfürst Georg III. ist scheinbar nicht eines natürlichen Todes gestorben, sondern durch den Zauber einer gewissen Frau von Neitschütz umgekommen, die es zudem fertig brachte, durch einen Liebestrank dessen Nachfolger, Georg IV., als Gemahl für ihre Tochter zu gewinnen (BÄCHTOLD-STÄUBLI 1987: 5, 1285). War es wirklich ein Zaubertrank oder doch nur ein ganz gewöhnlicher Giftmord, den böse Zungen der Frau von Neitschütz anlasteten, um den Verdacht von sich abzulenken?

Mit den zunehmenden Intrigen an den Fürstenhöfen, den Gelagen und Orgien, den nächtlichen Besäufnissen und der Ausbreitung jener Geschlechtskrankheit, von der man nur hinter vorgehaltener Hand zu sprechen pflegte, wuchs auch unaufhaltsam der Glaube an Zaube-

Entführt: Heiraten gegen den Willen der Eltern waren selten, kamen aber vor. Lithografie aus einem Sammelwerk, um 1860.

rei und Teufelswerk. Gleichzeitig nahm die Zahl derer zu, die als Opfer dieses Wahns ihr Leben verwirkten. Da verwundert es nicht, dass in ZEDLERS Universal-Lexikon auch Rezepte zu finden sind, die dazu dienen sollten, den Liebestrank oder Reste davon möglichst schnell aus dem Magen zu entfernen und die von ihm ausgehende Wirkung wieder aufzuheben. Besonders empfohlen werden *Vomitive und Purgantzen* sowie verschiedene schweiß- und harntreibende Arzneien.

In ZEDLERS Lexikon finden wir auch eine »Mixtur wider einen Liebestrank«[2], die unter anderem Kampferspiritus, Johanniskraut und Natter-Essenz enthält. Zudem wird in dem Rezept ein »Spiritum von der menschl. Nach-Geburth« genannt, ein Hinweis darauf, dass die Verfasser des Lexikons nicht frei waren vom Glauben an die Wirkung magischer Versionen des Liebestranks. Im Artikel zu den Liebestrünken werden denn auch zwei Arten genannt, »wodurch getrachtet wird, einem die Liebe beyzubringen«, nämlich der wahre »Liebes-Tranck«, zu dessen Ingredienzen unter anderem auch Wermut und Cannabis gezählt werden, sowie der zauberische Trank, der auf der Einflussnahme eines Menschen auf einen andern mittels magisch wirkender Substanzen beruht. Im entsprechenden Artikel heißt es: »Die näheste Ursache derer daher entstandenen Kranckheiten und Liebe ist eine denen Lebens= Geistern beygebrachte liebreitzende Idee in der unsinnigen Liebe; bald eine traurige Idee in der Schwermuth; bald eine wüthende in der Dollsucht. Es ist nichts daran gelegen, wo diese Idee herkomme, sie mag entweder aus einer bloßen Einbildung, oder mittelbar durch Hülffe des Satans mit Worten, oder unmittelbar durch Kräutter, Steine, Speichel, Harn, Monat=Blüte [Monatsblutung der Frau] etc. mitgetheilet werden.«

Befassen wir uns vorerst mit den magischen Formen des Liebeszaubers und den Mitteln, wie man sich dagegen schützen kann.

Liebeszauber

Von jeher trachtete der Mensch danach, die Liebe eines anderen zu erzwingen, sei es durch die meist heimliche Zuführung bestimmter Speisen und Getränke oder durch zauberische Handlungen mit Gegenständen, die in inniger Beziehung zum geliebten Menschen stehen. Letzterem liegt der Glaube zugrunde, wonach diese Dinge von der Persönlichkeit des betreffenden Men-

2 Band 21, Spalte 650 (Blatt 346).

schen gewissermaßen durchdrungen sind und daher mit ihm in direkter Beziehung stehen. Infolgedessen überträgt sich der auf diese Gegenstände ausgeübte Einfluss auf die Person, für die der Zauber bestimmt ist.

Bis in die neueste Zeit immer wieder neu aufgelegte Zauberbücher wie das »6./7. Buch Moses« sind voll von magischen Rezepten, mit denen die Liebe eines Menschen erzwungen oder die auf einem Zauber beruhende Bindung wieder gelöst werden kann. Dazu einige Beispiele aus einem um 1930 erschienenen Druck[3]:

»Drückt ein Mädchen einem jungen Mann Spinneneier an die Kleider, so muss er bei ihr werben. Dasselbe erreicht es, wenn es dem Geliebten eins ihrer Haare an das Essen gibt oder wenn es ein Stück Zucker unter dem Arm durchschwitzt und ihm in den Kaffee tut. Wenn ein Mädchen ein Schweineherz mit Nadeln spickt und dann kocht, so muss der Bräutigam zu ihr kommen. Oder sie muss nachts 12 Uhr dreimal gegen das Fußende des Bettes stoßen und dazu sprechen: ›Im Namen der Heiligen Dreieinigkeit! N. N. [hier wird der Name des Geliebten eingesetzt], du sollst nicht eher Ruhe haben, als bis du zu mir gekommen bist.‹

Bei den Polen glaubt man Folgendes: Man fängt eine Eidechse, tötet sie, trocknet und zerreibt sie zu Staub; dieser Staub, in Wasser gekocht, ist ein mächtiges Zaubermittel, wodurch das Mädchen die Liebe eines Jünglings unfehlbar gewinnt, wenn sie es ihm heimlich beibringt. Steht aber dieses Gericht einen Tag, so wandelt es sich in ein gefährliches Gift; wer es genießt, wird verrückt, schwillt und stirbt bald.

Wollen Mädchen die Männer an sich fesseln, so sollen sie ihnen ihr getrocknetes und zu Pulver geriebenes Blut in die Speisen mischen. Oder sie sollen ihnen Semmeln zu essen geben, die sie in der Achselhöhle getragen haben und die von ihrem Schweiße benetzt wurden.

Wenn ein Mädchen Liebe erzwingen will, so stiehlt sie – so ist es bei den Ungarn Brauch – Mehl und Honig, bäckt daraus einen Kuchen, dem sie etwas von ihrem Menstruationsblut beimengt, und gibt ihn dem Burschen

3 »Das sechste und siebente Buch Mosis. Sein wahrer Wert und was das Volk darin sucht.« Dem Zauberbuch beigegeben ist ein »Magisch-sympathetischer Hausschatz«, dem unsere Beispiele entnommen sind. Gedruckt wurde die Schrift um 1930 in Dresden. Im Reprint von 1984 mit dem Titel »6./7. Buch Moses« ist ein zuerst 1849 in der Edition des Stuttgarter Antiquars Scheible erschienenes altes Beschwörungsbuch mit abgedruckt.

Versteckt: in Papier eingewickelte Kräuter aus einem inzwischen abgerissenen Haus in Luzern. Das Kräuterpäckchen hatte vielleicht eine magische Funktion.

Frisch verliebt: Bei diesem Pärchen scheint der Zauber gewirkt zu haben. Postkarte vom 27. März 1909, abgeschickt in Ennetmoos, Kanton Nidwalden.

zu essen, dessen Liebe sie erlangen will. Menstruationsblut ins Getränk gemischt, erweckt bei ihm rasende Liebe.

Das Mädchen stiehlt vom Haupt des betreffenden Burschen einige Haupthaare, kocht sie mit Quittenkernen und einigen Tropfen ihres Blutes, das sie aus ihrem linken Fuß gewinnt, zu einem Brei, den sie im Munde kaut, und sagt, den Vollmond anblickend, dreimal den Spruch her: ›Ich kaue dein Haar, ich kaue mein Blut; aus Haar und Blut werde Liebe, werde neues Leben für uns!‹ Dann schmiert sie mit diesem Brei ein Kleidungsstück ihres Geliebten ein, damit er nirgends Ruhe finde als bei ihr« (Moses [1930] 1984: 145–146).

Auffallend ist, dass sich alle oben genannten magischen Handlungen an Mädchen und junge Frauen richten. Das hat seinen Grund. Als Frau eine aktive Rolle in der Brautwerbung zu spielen verbot die Sitte. Selbst bei heftigst entbrannter Liebe hieß das für sie abwarten und Tee trinken – oder aber mit einem Liebeszauber Einfluss auf das Schicksal zu nehmen. Trotzdem finden sich auch Anleitungen, wie ein Mann mit einem magischen Zauber versuchen kann, seine Auserwählte an sich zu binden.

»Möchtest du gern ein hübsches Mädchen an dich fesseln, so trage zwei Laubfrösche in einen Ameisenhaufen und gehe so schnell als möglich und ohne dich umzusehen, gegen den Wind davon. Nach einiger Zeit untersuche den Ameisenhaufen und du wirst von den Skeletten der Laubfrösche zwei Knöchelchen in Gestalt einer Hacke und einer Schaufel finden. Hängst du die Hacke dem Mädchen an die Kleider, ohne dass es bemerkt wird, so kann es nicht von dir lassen. Sollte es dir aber später nicht mehr gefallen, so darfst du

es nur mit dem Schaufelchen anrühren und es zieht sich von dir zurück« (Moses [1930] 1984: 146).

Mit einem Gegenzauber kann eine auf diese Weise zustande gekommene Verbindung wieder gelöst werden. Dazu eine weitere Anleitung aus dem oben erwähnten Zauberbuch. »Will man aber gern eine gezwungene Liebe los werden, muss man ein paar neue schwarz gefärbte Strümpfe anziehen, neue Schuhe dazu. Demnächst muss man geschwind eine längere Strecke gehen, bis die Füße zu schwitzen anfangen. Darnach wird der rechte Schuh abgenommen, Bier oder Wein hineingegossen, und der Trunk muss in einem Zuge ausgetrunken werden, dann hat es mit aller gezwungenen Liebe ein Ende. Oder: Man schabt den Kot vom Absatz des rechten Schuhes ab, tut ihn in die Schuhe und wirft ihn von einem Wassersteg rückwärts über den Kopf ins Wasser und geht, ohne sich umzusehen, nach Hause« (Moses [1930] 1984: 147).

Zusätzlich verkompliziert wird das Ganze, weil gemäß den im »6./7. Buch Moses« aufgeführten magischen Handlungen auch Außenstehende einer noch so tiefen Liebe Schaden zufügen und die Liebenden einander abspenstig machen können. Dazu ein weiteres Beispiel:

»Will man einem Mädchen den Liebsten abspenstig machen, so grabe man vor und hinter dem Wohnhause des Mädchens je ein Ei ein und sage dabei dreimal die Beschwörung her:

›Ich grabe nicht die Eier ein,
Begrab' vielmehr ihr Glück;
(Ihr Glück) es soll versteinern!‹

Findet das Mädchen zufällig die ihr zum Unsegen zugedachten Eier auf, so werfe sie sie weit weg aus dem Bereiche des Gehöftes und entferne sich gleich, ohne sich mehr umzusehen« (Moses [1930] 1984: 110).

Auch für enttäuschte Männer hält das »6./7. Buch Moses« Zauberhandlungen bereit, mit denen sie sich für die erlittene Abfuhr rächen können. Zu diesen gehört die folgende:

»Will man es anstellen, dass ein Mann ein Mädchen zu lieben aufhöre, so bestreiche man die Türschwelle des Hauses, in dem das Mädchen wohnt, auf der einen Seite mit dem Herzen, auf der andern mit der Leber oder Lunge eines Igels und vergrabe selber zuletzt die gebrauchten Fleischstücke unter der Schwelle« (Moses [1930] 1984: 110).

Rache ist süß. Wurde ein Freier von einem Mädchen trotz aller dieser Zauberhandlungen abgewiesen, so konnte er immer noch, wenn seine vergeblich Angebetete einen andern heiratete, während der Trauung einen Toten-

Liebesglück – Liebesleid. Kolorierte Lithografie mit Tonplatte nach einem Gemälde von Joseph Félon (1818 bis 1896), Berlin, um 1850.

knochen vor ihrer Haustüre vergraben. Berührte ihn die frisch Vermählte mit dem Fuß, wurde sie zeitlebens vom Unglück verfolgt.

Überlassen wir das vor allem im 19. Jahrhundert entstandene, poetisch verklärte Bild von magisch geprägten Zauberhandlungen und geheimnisvollen Liebestrünken romantischen Schwärmern, und wenden wir uns im Folgenden der Frage zu, was in der Innerschweiz an echten Volksrezepten wirklich vorhanden war und welche Rolle sie im Liebeszauber und in der Brautwerbung tatsächlich spielten.

Brautwerbung

Entgegen der Vorstellung vom immer noch heilen Alpenraum nehmen mittlerweile auch in kleinen, noch ländlich geprägten Ortschaften Cannabis und Ecstasy den Platz klassischer Liebestränke ein. Ebenso haben moderne Formen der Brautwerbung das einst romantische Techtelmechtel, Händchenhalten und Liebesschwüre weitgehend verdrängt. Auch das heutige *Buhlen* um die Gunst eines Mädchens weist vielfach wieder archaische, wenn nicht gar animalische Züge auf. Es entspricht damit in seinem äußeren Ausdruck der westlichen Norm: Dem Aufplustern und Wichtigtun (ich bin der Schönste und der Größte) folgt in der Regel eine plumpe Demonstration (notabene nur selten vorhandener) finanzieller Potenz, bevor es dann ziemlich schnell zum Kern der Sache geht. Da verwundert es nicht, dass bereits Siebzehnjährige ihre neue Bekannte, die sie am Samstag zuvor erstmals getroffen haben, »Frau« nennen.

Auch auf dem abgelegensten Bauernhof wird vom Freund der Tochter kaum mehr erwartet, dass er vorspricht und förmlich um deren Hand anhält, ganz zu schweigen von der Sitte, dem Bewerber einen traditionellen Freiertrank anzubieten. Trotzdem haben sich an manchen Orten gewisse Anstandsregeln erhalten. Immer noch wünschen die Eltern der Braut, dass sich der

Moderne Brautwerbung. Die jungen Männer tun so, als ob ihnen die Frauen an der Bar gleichgültig wären. Bild Christof Hirtler, Altdorf.

Freund gelegentlich vorstellt, vor allem dann, wenn die begründete Aussicht besteht, dass die lockere Bekanntschaft in eine feste Beziehung mündet. Bei dieser Gelegenheit lernt die Familie den jungen Mann kennen; sie bietet ihm vielleicht ein Glas Wein oder einen Kaffee an, gefolgt von einem meist als mühsam empfundenen gegenseitigen Befragen, bei dem sich die Beteiligten in ein möglichst günstiges Licht zu stellen versuchen. Besonders peinlich wird es, wenn bei derartigen Einladungen die Initiative von den Eltern ausgeht, die eine Tochter im heiratsfähigen Alter möglichst bald unter die Haube bringen möchten. Die Bandbreite reicht hier von harmlosen Vermittlungsversuchen bis hin zur handfesten Kuppelei. Ziemlich plump werden dann die vermeintlichen Vorzüge der Tochter nach außen gekehrt. Wer kennt das nicht: eine belanglose Einladung, ein ebenso belangloses Gespräch, und plötzlich trägt die sonst wenig häusliche junge Frau unter dem Lob ihrer Mutter Selbstgemachtes auf, zusammen mit Wein – oder vielleicht einem hausgemachten Liebestrank, der die Sinne beflügeln und Nachteiliges übertünchen soll.

Liebestrünke

Nun, was ist ein Liebestrank? Im Lexikonstil kann man ihn vielleicht so definieren: Der Liebestrank dient dem Wunsch, den Liebeswillen eines anderen zu beeinflussen, und setzt sittliche Zustände voraus, welche die natürlichen Möglichkeiten der Liebeswerbung behindern. Bis in die neueste Zeit trafen diese Voraussetzungen in besonderem Maße auf die Frau zu. Ihre ausschließlich vom Mann bestimmte passive soziale Stellung schuf den hohnsprechenden Wahn von ihrer geistigen Inferiorität. Die Frau wurde zu einem minderwertigen Wesen, über dessen Einfalt man disputierte (oder es noch immer tut, wie die vielen Blondinenwitze beweisen).

Wie wir bereits wissen, verbot die der Frau zugewiesene Rolle offen gezeigte Liebesäußerungen oder gar aktive Werbung. Aus diesem Umstand erklären sich die vielen magischen Rezepte, die es Frauen erlaubten, zumindest im Verborgenen ihre Fäden zu ziehen.

Als einziges (echtes) Verführungsmittel einer nach einer festen Bindung strebenden Frau blieb nur der Liebestrank. Er hatte die Aufgabe, den Widerstand oder auch nur die Unentschlossenheit eines begehrten Partners zu überwinden und auf eine von der Frau gewünschte Ehe hinzuwirken. Das zuletzt Gesagte galt im umgekehrten Sinn auch für den Mann, der ein einmal begehrtes Mädchen als seinen Besitz betrachtete und es folglich nicht zulassen konnte, dass sich die Auserwählte nicht seinen Wünschen beugte und vielleicht einen andern bevorzugte.

Die Rolle der Frau bei den Germanen

Anders waren die Voraussetzungen bei den Germanen. Der Römer Tacitus schildert die germanische Wertschätzung und Vergöttlichung der Frau, die er mit dem Glauben an das ihr innewohnende Heilige erklärt. Seine Worte bezeugen die vorchristliche Auffassung vom Wirken göttlicher Kräfte im Menschen und durch ihn auf die Umwelt. Dazu kam der Glaube an die besondere Eignung der Frau als weise Zauberin, Heil- und Kräuterkundige, die zwischen dem Irdischen und dem Göttlichen steht. In dieser Funktion, als ursprünglich gleichberechtigte Gefährtin des Mannes, nahm sie die von der Sippe zugewiesenen Aufgaben wahr. Begabt mit dem »sechsten Sinn«, besaß die Frau die Fähigkeit zu Weissagung und Schicksalsverkündung. Ihr Urteil wurde im Rat der Männer gehört, und es entschied über Krieg oder Frieden.

Die besondere Stellung der Frau und ihre Beziehung zu den Göttern wiesen ihr Aufgaben zu wie das Singen und Tanzen bei religiösen Festen, das Sieden des rituell genossenen Biers und das Zubereiten der Opfertiere. Daraus entstand später das entstellte Bild von der heidnischen Hexe, die auf abgelegenen Waldwiesen geheimnisvolle Tränke braut. Es verschweigt, dass die germanische Frau in Wahrheit die gleichberechtigte, aktive und selbständige Partnerin des Mannes war, eine weissagende Mittlerin, die auch bei der Wahl des Lebensgefährten ihren Wünschen Ausdruck verlieh. Aus diesen Gründen ist es auch wenig wahrscheinlich, dass sich die ihrer hohen sozialen Stellung bewusste germanische Frau zu einem reinen Objekt der Begierde entwürdigen ließ, zum persönlichen Besitz des Mannes, über den man nach Belieben verfügte.

Da ist es kein Zufall, dass *Freyja*, die germanische Göttin der Fruchtbarkeit und Tochter des *Njörd* aus dem Göttergeschlecht der *Vanen*, neben *Odin*, ihrem Gemahl, auf dem Hochsitz im Göttersaal thronte, denn der hier aufgezeigte Zusammenhang zwischen sozialen und religiösen Verhältnissen steht in allen Kulturen außer Zweifel. Wer die Frau für minderwertig hält, betraut sie nicht mit der Befragung der Götter; wer glaubt, sie sei unwissend und schwatzhaft, fragt nicht nach ihrem Schicksalsspruch in Angelegenheiten, die das Wohl einer ganzen Sippe betreffen. Und wer Frauen als seelen- und rechtlose Geschöpfe betrachtet, verehrt nicht weibliche Erdgottheiten.

Frauen im Harem: idealisierte Vorstellung vom Leben eines orientalischen Paschas. Nach einer Postkarte, um 1900.

Aus dem Gesagten erhellt sich, dass die Wurzeln der Liebestrünke dort zu suchen sind, wo die Frau mit handelbarer Ware gleichgesetzt wird, und wo sich bei dem aufs höchste gesteigerten Streben nach dem Wohlbefinden des Mannes der Wunsch entwickeln musste, Substanzen zu finden, die auch dem Liebesleben förderlich sind.

Der Glaube an die Kraft gewisser Stoffe, bei Personen entgegen ihrer Neigung Liebe und Leidenschaft zu wecken, hat seinen Ursprung im Orient, wo die Frau bis heute eine untergeordnete Stellung einnimmt und wo in den Staaten der religiösen Fundamentalisten das Erreichte wieder mit den Füßen getreten wird. Zudem wissen wir, dass auch die mittelalterlichen Philtren und Liebestränke (mit ihren teilweise exotischen Zutaten) von den abendländischen Gelehrten nach Rezepten arabischer und antiker Ärzte zusammengebraut wurden (RÄTSCH, Fröhlichkeitspillen 1990: 25). Daraus lässt sich die Annahme ableiten, dass dieses Wissen seinen Ursprung im Mittelmeerraum hat und über die Laboratorien der Apotheker, Alchimisten und Klöster zu uns gekommen ist, wo es im ausgehenden Mittelalter mit seinem Zauberglauben und Hexenwahn, falsch verstandener Religiosität und moralischer Doppelbödigkeit einen fruchtbaren Boden vorfand.

In Bezug auf die nachfolgend beschriebenen Rezepte wird uns der «wahre Liebes-Tranck« besonders interessieren. Einerseits knüpfen wir damit an Publikationen an, die sich ebenfalls mit der aphrodisierenden Wirkung bestimmter alkoholischer Getränke im europäischen Kulturraum befassen (vgl. z. B. RÄTSCH 1995: 285), andererseits kennt man in der Innerschweiz Liköre, die ebenfalls nicht durch Zauber, sondern unter anderem auch durch den Zusatz ganz bestimmter Kräuter und Gewürze wirken. Sie haben den Zweck,

Hemmungen zu beseitigen, der Trägheit und Unlust entgegenzuwirken und den Freier von seiner Auserwählten zu überzeugen, frei nach »Goethes Faust. Der Tragödie erster Teil«: »Mit diesem Trank im Leibe, siehst Du Helenen in jedem Weibe.«

Die gebrannten Wasser

Die Grundlage der nachfolgend beschriebenen Rezepte ist Alkohol, der schon für sich allein ein Klassiker unter den Aphrodisiaka ist. Einige Gläser Wein bei einem romantischen Tête-à-Tête mit Kerzenbeleuchtung und stimmungsvoller Musik können Wunder vollbringen. Ein Glas zu viel bewirkt freilich das Gegenteil, denn jeder Mensch hält ein bestimmtes Maß an Hemmungen aufrecht und unterdrückt Triebe, deren Ausleben für ihn unliebsame Konsequenzen haben kann. Schon kleine Dosen schwächen die Selbstkontrolle; die Hemmungen schwinden, und das hoffnungsvoll begonnene Rendezvous kann sich in eine peinliche Angelegenheit verwandeln, an die sich beide Seiten nur ungern erinnern.

Die Frühgeschichte der gebrannten Wässer ist umstritten. Zwar wussten die Gelehrten des Altertums, dass im Wein ein brennbarer Stoff enthalten ist, doch scheint die Kunst des Destillierens erst zu Beginn unserer Zeitrechnung aufgekommen zu sein, als die Alchimisten von Alexandria begannen, Rosenwasser und Kräuterelixiere herzustellen. Nach dem gegenwärtigen Wissen haben auch die Araber die Destillierkunst gekannt; das Wort Alkohol ist arabischen Ursprungs. Bereits in einem Traktat des Abû Yûsuf Ya'qûb al Kindi (etwa 796–873) ist die Rede vom »Hochtreiben« (Destillieren) von Dattelwein (ANDREAE 1973: 210). Mag sein, dass das daraus gewonnene Produkt nur zu Heilzwecken bestimmt war. Aber es fällt schwer zu glauben, dass die den leiblichen Genüssen nicht abgeneigten Araber den wahren Charakter des gebrannten Dattelweines nicht erkannt und keine Lust verspürt hätten, den Trank auch an Gesunden auszuprobieren.

Auf der Suche nach dem Stein der Weisen kamen auch die abendländischen Alchimisten dem Geheimnis der Destillation auf die Spur. Einem der bedeutendsten Gelehrten des Mittelalters, Albertus Magnus, Bischof zu Regensburg (1193–1280), gelang es, die technischen Geräte zur Gewinnung von Weingeist zu vervollkommnen. Er beschreibt die wirksamste Methode zur Abdichtung der Brennblase, in der sich bei der Erhitzung des Weines der flüchtige Alkohol sammelt; auch bei der Abkühlung und Verflüssigung der

Wie Weinbrand entsteht: Destillationsapparat aus Hieronymus Brunschwigs »Nüw buch der rechten kunst zu distillieren«, Strassburg, um 1515.

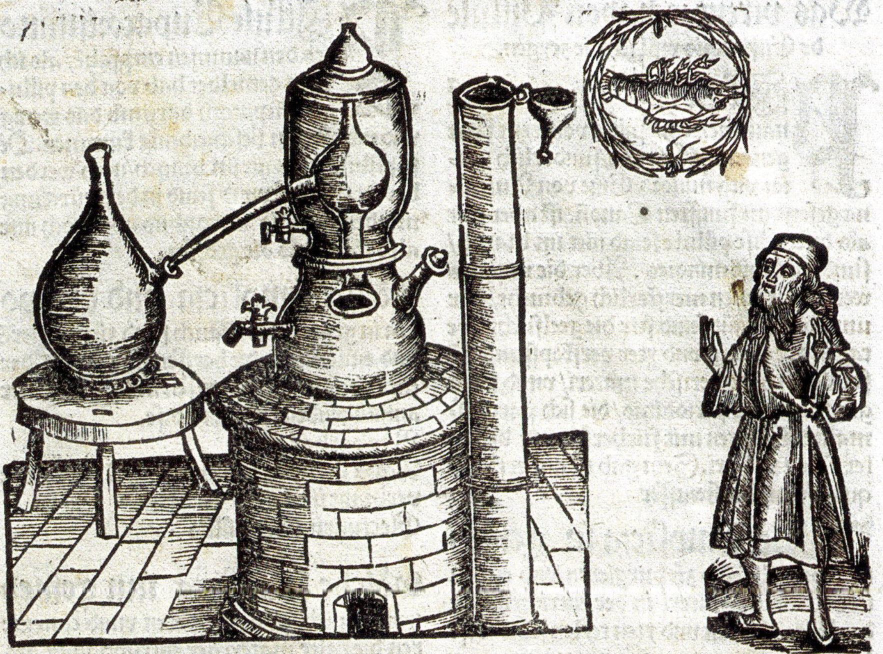

Aqua lactis wañ die materi verbrant ist.

wölche composita inn gemeynem brauch seind purgieren vnd euacuierendie heyssen materi der entrichtigūg der heyssen nieren/vnd jren anhangenden teylē seind dise.

Yera simplex
Electuarium de psilio
Electuarium de succo rosa. Nic. vñ. me.
pillule de Yera simplici
Benedicta auß yren speciebus pillule gemacht.
Yera logodion in der flegma

wölche simplicia in gemeynē brauch sind purgieren/vnd euacuieren die kalte materi in der entrichtigung der kaltē nieren/vnd yren anhangenden teylen seindt dise.

cassie fistule/zů vorab wañ sie gsterckt wirt zů den kalten materien/wañ sie treibt principaliter auß coleram.
Manna gleicherweiß
Agaricus
Elleborus niger

welche composita die wurckung der genanten simplicia vollbringen dz seynd dise nachgende.

Dya finicon
Dya citoniten solutiuum
Catharticum imperiale
pillule de yera simplici
Pillule de Agarico
Yera hermetis
Electuarium Indum
Pillule benedicte
Yera logodion.

Was virtutes vnd krafft hab electuarium indum Maius vnd minus.

Electuarium Indum dē nammen entpfahet/darumb das es in dem Land India funden ist. Deren beschreibungen zwo seindt/Maius/vnd Minus/wölche alle beyde im

Alkoholdünste wurden Verbesserungen erzielt. Aus den Küchen der Alchimisten gelangte das Wissen in die Klöster. Hier wurde die Destillation bei der Bereitung von Kräuterelixieren und Tinkturen eingesetzt, die man den Kranken zur Linderung verabreichte. Bald wurde die Kunst der Mönche auch außerhalb der Klostermauern bekannt, und der Buchdruck sorgte für die gehörige Verbreitung der Rezepturen.

Wann die Bauern begannen, aus anderen Erzeugnissen als Wein Alkohol zu gewinnen, lässt sich kaum mehr feststellen. Michael Schrick nennt in seinem 1530 in Nürnberg gedruckten »Von allen geprenten Wassern« zwar alkoholische Getränke aus Früchten, Beeren und Kräutern, als alkoholische Destillate aber nur gebrannten Wein. Dasselbe gilt für das zweibändige Destillierbuch des Hieronymus Brunschwig, das 1507 in Straßburg gedruckt wurde. Auch in anderen Destillierbüchern jener Zeit wird das Ansetzen von Beeren und Obst erwähnt, ohne dass auf einen anschließenden Brennvorgang hingewiesen würde. Daraus lässt sich schließen, dass es bei uns bis ins 16. Jahrhundert keine nennenswerte Produktion aus anderen alkoholischen Rohstoffen gab als Wein. Die verschiedenen Aquae vitae hatten Weinbrand als Grundlage, und die Aromastoffe der verschiedenen Gewächse wurden durch den alkoholischen Auszug, die Mazeration, gewonnen.

Allmählich ersetzte man den Weinbrand durch den billigeren Obstbrand und viele exotische Kräuter durch einheimische. Damit war man nicht mehr auf den Import teurer ausländischer Produkte angewiesen. Der Konsument konnte auf selbst hergestellte hiesige Imitationen zurückgreifen, welche die

fremden Erzeugnisse mit der Zeit ganz verdrängten und sich zu eigenen Spezialitäten entwickelten.

Ein klassisches Beispiel für diese Entwicklung ist der *Rosoli*, ein traditionelles Nidwaldner Freiergetränk, dessen Wurzeln jedoch kaum weiter als ins 17. Jahrhundert zurückreichen.

Rosoli

Rosoli ist ein Kräuterschnaps eigener Prägung. Er wurde auch *Kastenwasser* genannt, da man ihn oft im Kasten der guten Stube aufbewahrte. Das Geheimnisvolle, das ihn umgibt, verdankt er seiner Rolle als traditioneller Mut-Macher bei der Brautwerbung.

Die Brautwerbung, das *Kilten*, fand gewöhnlich am Sonntagabend oder an einem Feiertag statt und lief nach einem festen Ritual ab. Unter dem Kiltgang (auch: zu Kilt gehen, Gaden steigen, zu Licht gehen) versteht man den (nächtlichen) Besuch des Freiers bei seiner Geliebten. Das Wort *kilten* (Kilt = Abend) war ursprünglich keineswegs nur auf das Stelldichein der Liebenden beschränkt, sondern man verstand darunter »abends bei Licht über die gebotene Zeit hinaus oder auch die ganze Nacht hindurch zu arbeiten« (Hoffmann-Krayer 1940: 46).

Das *Kilten* war je nach Gegend und Intimität der Liebenden verschieden, erforderte aber in jedem Fall gewisse Vorbereitungen: Wenn ein Bursche eine Tochter begehrte, informierte er beizeiten die Familie des Mädchens. Gelegenheit dazu boten die Markttage, die Wallfahrten oder die zahlreich stattfindenden *Stubeten* und *Nidleten*: In Ruswil zum Beispiel luden sich in der Weihnachtszeit bis Lichtmess die Nachbarn gegenseitig zu einer *Nidlespieleten* ein, bei der man das alte, durch das Jassen verdrängte Kaiserspiel wieder pflegte. Nachdem im Spiel um die *Nidle* (Rahm) gekämpft worden war, setzte man sich gemeinsam um den mit einem weißen Tuch bedeckten Tisch, und das Gesinde trug die geschwungene *Nidle* auf. Während des Essens schleuderten die Gäste nach alter Sitte etwas davon an die braune Stubendecke.[4] Danach reichten die Gastgeber ein Gläschen Kirsch und den üblichen Lebku-

4 Der Brauch geht zurück auf den alten Glauben, wonach der Mensch durch Opfergaben an die Hausgeister die Fruchtbarkeit im Garten, auf dem Feld und (wie bei der *Nidleten*) beim Viehbestand beeinflussen kann. Eine ähnliche Sitte wie die *Nidleten* in Ruswil lässt sich für die Zeit um 1850 im Baltikum nachweisen: Um Neujahr zogen die Esten einige Halme aus der »Kolls-Garbe« und warfen sie dreimal gegen die Zimmerdecke. Dadurch sollte das Korn im neuen Jahr hoch wachsen und volle Ähren tragen (Bächtold-Stäubli 1987: 6, 1028).

Nicht immer legal: Hausbrennerei in der Schweiz. Bild Eidgenössische Alkoholverwaltung, Bern.

chen, bevor sich die Gesellschaft zum Tanz auflöste (Erni 1878: 43). Sitten wie diese vereinfachten es auch einem scheuen Bewerber, zarte Bande zu knüpfen und sich bei den Eltern der Auserwählten bekannt zu machen.

Eine wichtige Aufgabe hatten die Freunde des *Kilters*, die ihn später auf seinem nächtlichen Gang begleiteten und beschützten. Das war besonders dann wichtig, wenn der *Kiltgang* in ein benachbartes Dorf führte. Die einheimischen Burschen verteidigten ihr Revier, und nicht selten kam es zu Pöbeleien, die bisweilen in wüste und wie 1903 im Schärlig bei Marbach (Entlebuch) sogar in tödliche Schlägereien ausarteten. Anlass der Kiltschlägerei im Schärlig war der Besuch eines Auswärtigen und seiner drei Begleiter bei einer Tochter auf dem Hof *Hinter-Churzenbach*, der den einheimischen Burschen nicht verborgen geblieben war. Mit Schnaps tranken sie sich Mut an, lärmten um das Elternhaus der Tochter und forderten um Mitternacht Einlass in Küche und Stube. Mit Tanz und Alkohol gelang es vorerst, die einheimischen Nachtbuben zu beschwichtigen. In den frühen Morgenstunden gingen die ständigen Pöbeleien zwischen den Einheimischen und den Fremden dennoch in eine Schlägerei über, in deren Verlauf ein Begleiter des Kilters mit einem Zaunstecken erschlagen wurde (Stadelmann 1993: 34).

Bei späteren Gängen begab sich der *Kilter* allein nachts vor die Schlafkammer seiner Auserwählten, klopfte an die Fensterscheibe und begehrte Einlass. War der Umworbenen der Besuch des Burschen genehm, öffnete sie das Fenster und bot ihm Schnaps, Wein, Grünbitter oder wie im Kanton Nidwalden *Rosoli* an.

Im Amt Entlebuch scheint es Brauch gewesen zu sein, dass der Bewerber sich nicht bewirten ließ, sondern bei seinen nächtlichen Besuchen den Wein selbst mitbrachte. Aufschluss darüber erhalten wir durch eine um 1830/1840 verfasste Handschrift in der Zentralbibliothek Luzern. In einer der aufgezeichneten Geschichten ist die Rede von einem »Gäuer Gimpel«[5], der es auf ein Entlebucher Mädchen abgesehen hatte. Er wurde beim *Kilten* erwischt, durch eine List überwältigt und aus dem Dorf gejagt. In der Handschrift heißt es: »Die List war bald erdacht und auch gethan. Einer davon, welcher den Gäuer Joggi kannte, gesellte sich zu ihm gar freundlich und redete von diesem und jenem und endlich auch von der schönen Töchter im Kehr. Des erfreute sich der Gäuer Joggi gar und gieng mit ihm ins Wirtshaus, weil es gebräuchlich war, erst Abends und zwar mit einer Maas Wein die Mädchen zu besuchen« (zit. nach Schmidiger 1985: 39).

Besonders gern gesehene Bewerber wurden zu einem etwas intimeren Beisammensein ins Zimmer gebeten. Trotz den damals herrschenden engen Moralvorstellungen tolerierte die Gesellschaft allfällige voreheliche Beziehungen, gefolgt von einer Heirat, wenn das Mädchen dabei schwanger wurde.

»Am Sonntag, dem 18. November 1860, war es so weit. Ich besuchte, wie am Sonntag üblich, die Familie Egli. Nach ein paar netten Worten zu Kunigundes Eltern zogen wir zwei uns zurück. Wir beschlossen, dass es diese Nacht so weit sein sollte. Um keinen Verdacht aufkommen zu lassen, verließ ich meine Freundin zur gewohnten Zeit. Doch ich schlich mich ein paar Stunden später wieder zu Metzger Eglis Haus, so dass mich niemand erblicken konnte. Vor dem Fenster von Kunigundes Zimmer blieb ich stehen und klopfte leise an. Kunigunde öffnete es und ich kletterte hinein.« (Yolanda Schärli: *Der Kiltgang. Historischer Roman*, Ufhusen 2002. Die Erzählung basiert auf einem tatsächlich geschehenen Ereignis im Luzerner Hinterland, bei dem bei einer Schlägerei der *Kilter* ebenfalls ums Leben kam.)

Rosoli ist das klassische Beispiel einer scheinbar urtümlichen alpenländischen Spezialität, die in Wirklichkeit von Söldnern oder reisenden Kaufleuten aus Italien eingeführt wurde. Der bekömmliche und gut schmeckende Likör geht auf ein Rezept des Arztes Michele Savonarola aus Padua zurück, der den damals bekannten Lebenswassern, den Aquae vitae, Honig und Rosenextrakte zufügte. Auf diese Weise entstand ein angenehm süßer, lieblich duftender Trank mit dem Namen *Rosoglio, Rosolio* oder *Rossolis*, eine schillernde und

5 Ein Gäuer ist ein Luzerner, der nicht aus dem Entlebuch stammt. Gimpel ist die abschätzige Bezeichnung für einen gut gekleideten jungen Herrn.

Pech gehabt: Ein auswärtiger Kilter wird zur Abschreckung in ein Jauchefass gesteckt. Holzschnitt aus dem »Hinkenden Boten«.

zutreffende Bezeichnung. Als weitere Zutaten geben die Enzyklopädien des 18. Jahrhunderts Ambra, Anis, Bisam, Koriander, Moschus, Muskatblüte, Muskatnuss, Nelken, Paprika, Pomeranzen, gelbes Sandelholz, Zimt und Zitronenschalen an (Andreae 1973: 162).

Der *Rosoglio* scheint vor allem bei Frauen seine Wirkung nicht verfehlt zu haben: Als Michele Savonarola um 1425 der schönen, aber jähzornigen Frau eines Edelmanns Aqua vitae verschrieb, fügte er ihm Honig und Rosenöl zu, um es wohlschmeckender zu machen und so dem Zorn seiner Patientin zu entgehen. Katharina von Medici, die Braut des Herzogs von Orléans, des späteren Königs Heinrich II. von Frankreich, führte bei ihrem Umzug von Florenz nach Paris in ihrem Gefolge mehrere Spezialisten in der Herstellung von *Rosoglio* mit (Andreae 1973: 163). Verbürgt ist, dass der Export von *Rosoglio* aus Padua, Bologna und anderen Orten bereits um 1532 blühte. Um diese Zeit wurde das Getränk vermutlich von Söldnern oder Weinhändlern erstmals in Nidwalden eingeführt. Manch heiratswillige Braut wird dabei festgestellt

haben, dass der *Rosoglio* oder *Rosoli* in Liebesdingen nicht nur förderlich ist, sondern auch einen scheuen oder noch zögernden Freier zum entscheidenden «Schritt« bewegen kann.

Der Einsiedler Rosoli

Der Ursprung des Einsiedler *Rosoli* geht auf das 18. Jahrhundert zurück. Um im gebirgigen Hochtal der Sihl überleben zu können, waren die Bauern gezwungen, ihre Produkte, vor allem das Vieh, in »welschen Landen«, vorab in Norditalien, zu vermarkten. Von den monatelangen Reisen kehrten die Bauern entweder bereichert oder aber ohne Hab und Gut in die Heimat zurück.

Aus Norditalien brachten die Marktfahrer das Rezept des *Rosoli* mit, der als wärmendes Getränk in den kalten Wintern der Region rasch sehr bekannt wurde. Seit 1848 wird nach einem auf Karl Hensler-Kälin (1825–1883) zurückgehenden und über Generationen vererbten Rezept in Einsiedeln ein *Rosoli* hergestellt, der unter der Bezeichnung »Ur-Rosoli« vertrieben wird.

Der *Ur-Rosoli* besteht aus erlesenen Naturprodukten. Zu diesen gehören Quellwasser, einheimischer Kernobst-Branntwein, gedörrte Kirschen, Sternanis, Zimtstangen, Kandiszucker und Zuckercouleur. Diese Mischung wird in Fässern über sechs Monate sorgfältig gelagert. Während dieser Reifezeit erhält der *Rosoli* seinen typischen Geschmack.

Ur-Rosoli wird am besten leicht gekühlt serviert. Er wird von der Drogerie Hensler & Merz in Einsiedeln vertrieben und ist in folgenden Abfüllungen erhältlich:

Ur-Rosoli in der Bügelflasche zu 200 ml
Ur-Rosoli in der Flasche zu 700 ml
Ur-Rosoli in der Flasche zu 1000 ml

(Nach dem Faltblatt der Drogerie Hensler & Merz in Einsiedeln, Schweiz.)

Die Herstellung von *Rosoli*, einer Nachahmung des echten italienischen *Rosoglio*, ist wie alle Volksrezepte einfach. Hier eine Anleitung aus dem 18. Jahrhundert (mitgeteilt von H. P. N.):

»2 Maß Kirschwasser
¾ Pfund Zucker
3 Quärtlein Wasser
Zimt, Nägeli, Muskatnuss«

Die Gewürze in Stücke brechen und im Kirschwasser einige Zeit stehen lassen. Dann durch ein Tüchlein sieben. Den Zucker und das Wasser mischen,

Ertappt: Stahlstich von François-Adolphe Audibran. Aus »Le Gascon puni«, Paris, um 1850.

aufkochen, sieden, abkühlen und den entstandenen Sirup ebenfalls durch ein Tüchlein sieben. Zum Kirschwasser geben und gut mischen.

Zur Umrechnung der Maße: 1 Maß misst 1½ Liter. 1 Apothekerpfund (375 g) enthält 12 Unzen zu 31¼ g; 1 Unze enthält 2 Lot zu je 15⅝ g und 1 Quint, Quentchen oder Quintel ist der fünfte Teil von einem Lot, also etwas über 3 g. 1 Quärtlein ist ¼ Maß, nach 1853 folglich 0,375 Liter. 1 Gran oder ein Körnchen misst 0,06 g (Quelle: *Bundesgesetz vom 23. Christmonat 1853, die Maß- und Gewichtsordnung betreffend*, siehe Seite 111).

Das nachfolgende Rezept, das mit dem Einsiedler *Ur-Rosoli* vieles gemeinsam hat, stammt aus der Nidwaldner Brattig von 1936:

»1½ l Wasser
1 Pfund Kandiszucker
2–3 Zimtstangen
10 g Muskatblüte
1 Handvoll gedörrte schwarze Kirschen
6 dl Bätzi [Kirschwasser] oder Träsch[6]«

Die Gewürze im Wasser aufkochen und das Ganze noch heiß über die gedörrten Kirschen gießen. Zwei bis drei Tage stehen lassen und dann filtrieren. Den Schnaps beigeben, gut mischen, in Flaschen abfüllen und einige Wochen ruhen lassen.

Der *Rosoli* hat unverkennbare Ähnlichkeit mit einem Likör, dessen Rezept nach Fritz Oberli seinen Ursprung im Kapuzinerkloster Stans hat. Unabhängig davon, wie die Rezeptur nach Nidwalden gekommen ist, wird doch ersichtlich, wie aus einem ehemaligen Heiltrank ein Genussmittel wurde.

Für die Herstellung benötigt man:
»1½ l heißes Wasser
1 Pfund Kandiszucker
1 Zimtstange
1½ l Bätzi [Kirschwasser]«
(Oberli 1978: 142)

6 Träsch ist ein Bauernschnaps von bis zu 80 Volumenprozent. Er wird aus dem nach dem Mosten übrig gebliebenen Fruchtfleisch von Äpfeln und Birnen, dem sogenannten Trester, gebrannt.

Liebesgrüße: Vergissmeinnicht aus Sursee,
Kanton Luzern. Postkarte vom 22. April 1916.

Den Kandiszucker im heißen Wasser auflösen und den Zimtstengel hinzugeben. Das Gefäß gut zudecken und die Mischung ziehen lassen, bis sie erkaltet ist. Den Zimtstengel entfernen und den Kirsch dazugießen. Der Likör wird nun in Flaschen abgezogen, die verschlossen und vor dem Genuss mindestens ein Jahr gelagert werden.

Eine besondere Rolle unter den verdauungs- und liebesfördernden Tränken nehmen jene ein, denen nebst exotischen Gewürzen auch Wermut beigemischt ist. Dazu gehören insbesondere Absinth und Grünbitter.

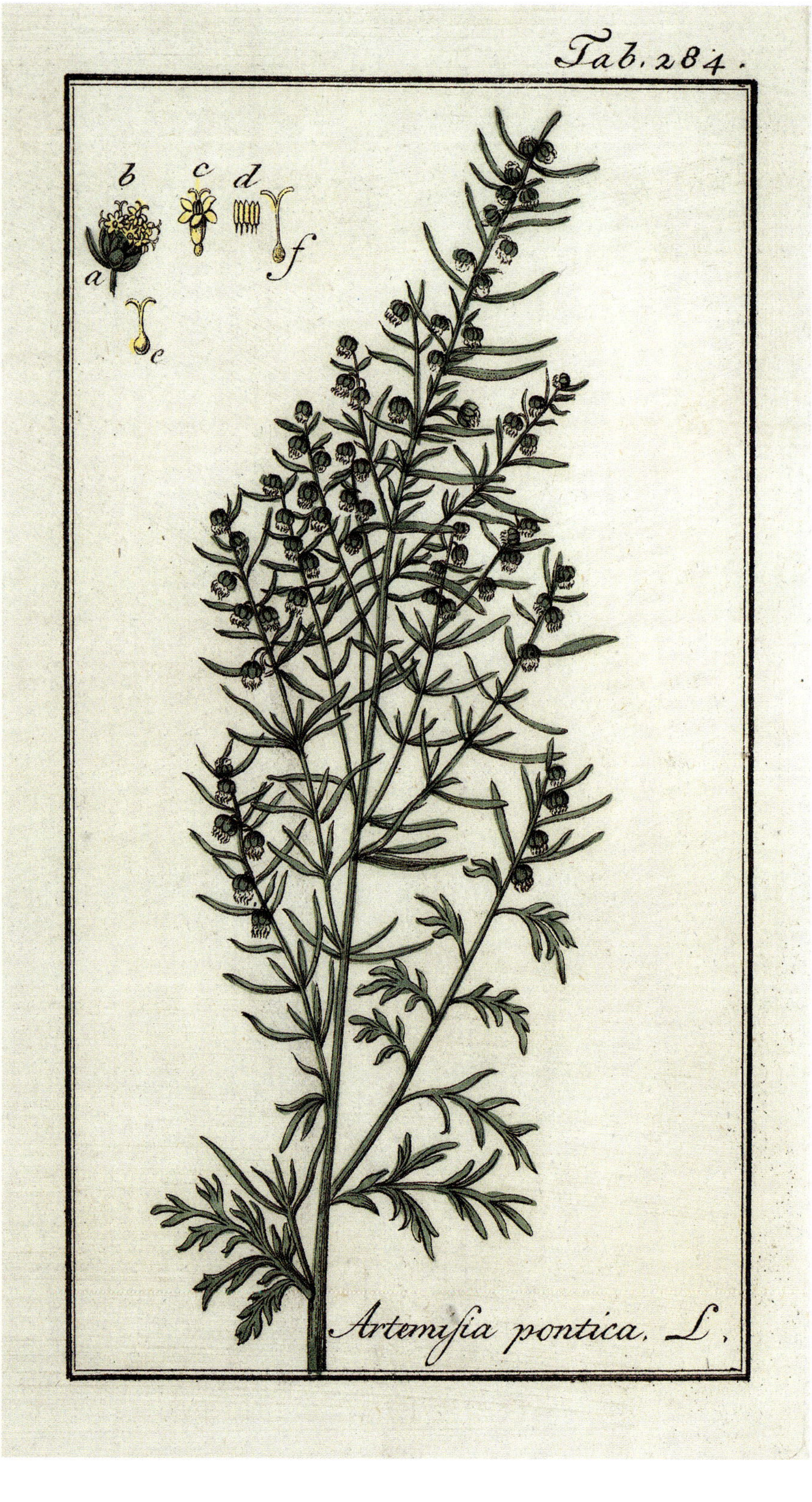
Tab. 284.
b
c
d
a
f
e
Artemisia pontica. L.

»Wärmot es för alles got«

Von Absinth bis «Perfetto Amore«

Die Reihe der die Verdauung fördernden Heil- und Liebestränke aus der Innerschweiz wäre unvollständig ohne den Grünbitter und den Steinrauten-Schnaps. Wie Rosoli sind beides ebenfalls *Aagmachti*, das heißt, die Aromastoffe werden nicht durch Destillation gewonnen, sondern durch den alkoholischen Auszug, die Mazeration.

Grünbitter

Wichtigster Bestandteil des Grünbitters ist Wermut *(Artemisia absinthium* L.), der als hoch geschätzte Heilpflanze in allen alten Kräuterbüchern für seine Kraft gerühmt wird. Das Kraut ist ein bekanntes Hausmittel gegen Würmer; es dient dazu, einen verdorbenen Magen wieder ins Lot zu bringen und das »kalte Fieber«[7] zu lindern.

In der Antike fand Wermut vielfältige Verwendung als Bestandteil von Heiltränken gegen die Folgen von Rauschzuständen. Dieses Wissen hat die Zeiten überdauert. Noch im 19. Jahrhundert gab man chronischen Branntweintrinkern, in der Innerschweiz Schnäpseler genannt, in den Trinkerheilanstalten täglich einige Tassen Wermuttee. Er linderte die Entzugserscheinungen und verhinderte insbesondere das *Delirium tremens* (Most [1843] 1984: 635). Als probates Mittel gegen Pest, Cholera, Magen- und Darmbeschwerden, als Heilmittel gegen Würmer und – äußerlich angewendet – gegen Läuse fand die Pflanze vielseitige Verwendung, weshalb man im Bergischen sagte: »Wärmot es för alles got« (zit. nach Bächtold-Stäubli 1987: 9, 501).

Wie bei vielen stark riechenden Pflanzen lässt sich bei Wermut sehr gut verfolgen, wie einem vor allem durch seine Inhaltsstoffe wirkenden Mittel im Laufe der Zeit antidämonische Kräfte zugeschrieben wurden. Wer das Wermutkraut bei sich trägt, heißt es zum Beispiel, kann nicht beschrieen, das heißt mit einem bösen Zauber belegt werden. In die Wiege gelegt, schützt die

7 Kaltes Fieber (Wechselfieber, *Febris intermittens*, Sumpffieber) ist ein vor allem im 19. Jahrhundert gebräuchliches Synonym für Malaria (von lat. mala aria, böse Luft). Die chronische, endemisch auftretende Infektionskrankheit beginnt mit einem Fieberanfall, der aus Frost-, Hitze- und Schweißstadium besteht und meist acht bis zwölf Stunden dauert (Otto Dornblüth: *Klinisches Wörterbuch*, 1927).

Zur Herstellung des Wermutweins wurden in Turin nebst *Artemisia absinthium* auch die abgebildete *Artemisia pontica* und *Artemisia abrotanum* verwendet. Kolorierter Kupferstich, um 1820.

Das Besondere am Steinrauten-Kaffee ist der starke, aromatische Wermutgeschmack, den das Getränk dem beigefügten Steinrauten-Schnaps verdankt. Unter der Steinraute ist hier jedoch nicht die Garten- oder Weinraute *(Ruta graveolens* L.) zu verstehen, sondern die sehr seltene, nur in den Alpen vorkommende Stein- oder Edelraute *(Achillea clavennae* L.); volkstümlich werden neben der echten Raute auch verschiedene, stark riechende (Alpen-) Pflanzen als Rauten bezeichnet (BÄCHTOLD-STÄUBLI 1987: 7, 542).

Der Steinrauten-Schnaps ist wie der Grünbitter ein *Aagmachter.* Die Pflanze wird, anders als bei dem unten besprochenen Absinth, nicht bereits beim Brennen beigegeben, sondern für einige Tage in Schnaps eingelegt. Dieses Verfahren hat den Nachteil, dass bei zu langer Mazeration mit den ätherischen Ölen auch viele Bitterstoffe gelöst werden. Die Mazeration muss deshalb rechtzeitig abgebrochen werden. Hat man erst die Zutaten, ist die Herstellung einfach. Auf einen Liter Träsch benötigt man eine Handvoll frisch gesammelter Steinrauten. Die Pflanzen werden zwei bis drei Tage eingelegt und dann entfernt. Mit dem Schnaps kann nun das *Stairuitä-Kafi* nach der oben beschriebenen Anleitung für *Kafi-Träsch* zubereitet werden.

Aus Rücksicht auf die Natur empfiehlt sich, anstelle der Steinraute gewöhnlichen Wermut zu verwenden. Steinrauten sind ihrer Seltenheit wegen geschützt. Das Sammeln wird mit hohen Strafen geahndet.

Absinth

Keine andere Spirituose wird in ähnlichem Maße von Legenden und sagenhaften Erzählungen von ihrer berauschenden, euphorisierenden und stimulierenden Wirkung umrankt wie Absinth.

Das beginnt schon mit der Geschichte des Absinths, die ihren Anfang in der Schweiz nimmt, genauer gesagt im Kanton Neuenburg: 1769 warben die Schwestern Henriod für ihren *Bon Extrait d'Absinthe.* Nach einer anderen Quelle verschrieb ein französischer Dorfarzt, der aus politischen Gründen in die Schweiz emigriert war, seinen Patienten ein Elixier, das er im Val-de-Travers von einer alten Frau erhalten haben wollte. Ihr Name: Mère Henriod.

Der Doktor und seine Medizin waren bald sehr gefragt. Davon hörte ein gewisser Major Henri Dubied, ein

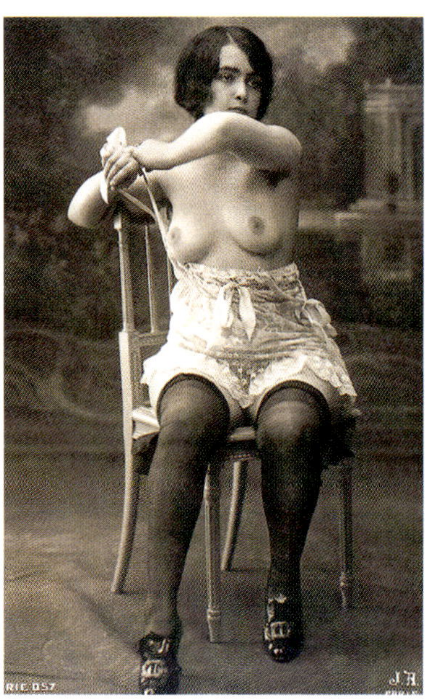

Die Schöne der Nacht: Idealisiertes Frauenbild auf einer Postkarte der Belle Epoque, Paris, 1897.

geschäftstüchtiger Militärarzt im Ruhestand. Er erwarb das Rezept und gründete in Couvet im Kanton Neuenburg die erste Distillerie für Absinth. Das war im Jahr 1797. Am Geschäft beteiligt waren seine Söhne und sein Schwiegersohn Henri-Louis Pernod. Der Absinth, der nach dem Rezept der Mère Henriod nur bei Fieber und schlechter Verdauung eingenommen werden sollte, sprengte bald die begrenzte Anwendung als Medikament. Pernod erkannte, dass sich ihm hier große geschäftliche Möglichkeiten boten. Nicht weit von der Distillerie seines Schwiegervaters gründete er eine eigene Brennerei. Das Geschäft entwickelte sich schnell. Schon bald genügte Couvet den Anforderungen nicht mehr. Pernod verließ die Schweiz und ging nach Frankreich. 1805 finden wir die Firma in Pontarlier im Tal des Doubs. Sie heißt jetzt Pernod Fils.

Zum Wohl: Extrait d'Absinthe aus dem Val-de-Travers, Kanton Neuenburg (Schweiz).

Die traditionelle Zubereitung von Absinth

Man benötigt hochwandige Gläser, Zucker und einen Absinthlöffel. Zuerst wird Absinth eingeschenkt. Dann legt man den Löffel auf den Rand des Glases und darauf ein Stück Würfelzucker. Aus einem Keramik- oder Glaskrüglein wird nun vorsichtig Wasser auf den Zucker gegossen. Durch den gelochten Löffel tropft das Zuckerwasser in den Absinth. Je nach Zusammensetzung färbt sich das Getränk milchig grün, gelb oder milchig blau. Daher kommen die unterschiedlichen Namen wie *grüne Fee (fée verte)* oder die *kleine Blaue (la petite bleue)*.

Mit der Besetzung Nordafrikas gelangte der Absinth 1830 zuerst nach Algerien und später in die übrigen Kolonien. Sein Genuss, hieß es, schütze die Soldaten vor Malaria und anderen fiebrigen Krankheiten. Bald übernahmen die Kolonisten von den Militärs die Gewohnheit, sich durch den regelmäßigen Genuss von Absinth gegen Tropenkrankheiten zu schützen. Dabei entdeckten sie wohl, dass Absinth vor allem auch ein sehr wohlschmeckendes und bei vielerlei Gebresten des Leibes und der Seele heilendes Getränk war.

Mit der Ausweitung des französischen Kolonialreichs stieg der Bedarf. Der Siegeszug des zum beliebten Aperitif gewordenen Getränks nahm nun auch im Mutterland ein Ausmaß an, das einer Massenbewegung gleichkommt. Absinth wurde zu *dem* Modegetränk der besseren Gesellschaft des 19. und frühen 20. Jahrhunderts. Seine Bühne waren die Cafés der Großstädte, wo sich die Oberschicht zwischen sechs oder sieben Uhr abends zum Apéro einzufinden pflegte. Zu dieser Zeit, heißt es, sei die Luft der Boulevards von Paris vom Duft des Anisgetränks geradezu parfümiert gewesen. Die französische Sammlerin und Forscherin Marie-Claude DELAHAYE, die es wissen muss, schreibt in ihrem Buch »Absinthe. Muse des peintres«: *»Pour la bourgeoisie, comme pour les militaires, le haut lieu de l'absinthe est le Boulevard. Les cafés nombreux étalent leurs guéridons et leurs chaises sur le trottoir et l'absinthe, boisson chic, est présente sur toutes les tables«* (DELAHAYE und NOËL 1999: 24).

Entsprechend oft ist das Thema Absinth von den Malern aufgegriffen worden. Kaum eine Kaffeehausszene, auf der das Kultgetränk nicht erscheint. Pablo Picasso hat ein 1901 entstandenes Bild nach ihm benannt: »L'Absinthe«. Ein anderes, das er im gleichen Jahr malte, ist einer unbekannten Absinth-Trinkerin gewidmet. Der Titel: »La Buveuse accoudrée ou La Buveuse d'absinthe«. 1892 schuf Henry Bouvet »L'Absinthe au bord de l'eau«, und 1894 ist die Lithografie »Buveuse d'absinthe« von Alexandre Lunois datiert. Die Reihe fortzusetzen hieße, die großen Meister dieser Zeit aufzulisten: Henri de Tou-

Boulevardszenen in Toulon und Paris:
»L'absinthe est présente sur toutes les tables.«
Postkarten aus der Zeit um 1900.

louse-Lautrec, Édouard Manet, Pierre-Auguste Renoir, Edgar Degas, Vincent Van Gogh, Paul Gauguin und viele mehr. Sie alle malten Szenen rund um den Absinth, und sie kannten ihn wohl auch aus eigener Erfahrung.

Auf den Genuss folgte bald die Maßlosigkeit. Damit sind nicht gelegentliche Abstürze gemeint, sondern das gewohnheitsmäßige Trinken, bei dem sich Alkoholkranke regelmäßig vollaufen lassen. Gegen Ende des 19. Jahrhunderts war es so weit, dass das Trinken von Absinth gleichgesetzt wurde mit Alkoholmissbrauch und Blödheit: »L'expression de buveurs d'absinthe est presque devenu synonyme de fou« (das Wort Absinthtrinker ist fast zu einem

Synonym für Blödheit geworden), erinnert sich der Brennmeister Bioley in seinen Memoiren[9]. Eine 1906 datierte Zeichnung von Francisque Poulbot[10] zeigt eine Mutter mit verweintem Gesicht, die ihr Kind mit einer leeren Flasche zum Einkaufen schickt: »Six sous d'absinthe et un sou de pain« (sechs Sous für Absinth und einen Sou für Brot), ruft sie der mageren Kleinen nach.[11]

Nach 1900 wurde der Absinth zu einem Teufelsgetränk, das jetzt für fast alle Volksübel herhalten musste. In Frankreich reichte 1902 die Ligue nationale contre l'alcoolisme eine Petition ein, die folgendermaßen beginnt: «*Attendu que l'absinthe rend fou et criminel, qu'elle provoque l'épilepsie et la tuberculose et qu'elle tue chaque année des milliers de Français (...) invitent le Parlament à voter la proposition de loi suivante* (...)« (zit. nach DELAHAYE 1999: 33–34).

Das einstige Medizinalgetränk, dem man in seinen Jugendjahren so treffliche Eigenschaften beimaß, war zu einem Giftgetränk geworden, das, wie es im oben zitierten Auszug der Petition von 1902 heißt, nicht nur für die Verblödung des Volkes und die Zunahme der Kriminalität verantwortlich gemacht wurde, sondern auch für den Ausbruch von Krankheiten wie Epilepsie und Tuberkulose.

Rezept zur Herstellung von Pastis

Auf einen Liter reinen Alkohol (in Drogerien oder Apotheken erhältlich) benötigt man die folgenden Zutaten:

4 g gewöhnlichen Anis
4 g Sternanis
3 g Melisse
3 g Ysop
5 g Lakritze (Wurzel)
5 g Fenchel
5 g Wermut

Die getrockneten Drogen werden für 48 Stunden in den Alkohol eingelegt. Anschließend wird das Gemisch gefiltert. Nun gibt man exakt (!) 5 ml

9 Eine undatierte Abschrift wurde dem Verfasser in verdankenswerter Weise von Dr. Giangiacomo Carbonetti zur Verfügung gestellt.

10 Sammlung Musée de l'Absinthe in Auvers-sur-Oise, Frankreich (abgebildet bei DELAHAYE 1999: 30).

11 »Sou« ist eine Geldbezeichnung aus der Zeit vor der Französischen Revolution. In der Umgangssprache hat sich »sou« als allgemeingültige Bezeichnung für Geld erhalten: »Je n'ai pas de sous« (ich habe kein Geld), sagt man etwa, wenn man von Unbekannten um eine Geldspende gebeten wird.

Anisessenz dazu sowie einen halben Liter abgekochtes Wasser, in dem man – je nach Geschmack – zuvor einen Esslöffel Zucker aufgelöst hat. Das Gemisch, das jetzt eine Stärke von 65 Volumenprozent hat, stehen lassen. Sobald sich ein Bodensatz gebildet hat, vorsichtig dekantieren. Den nun fertigen Pastis einen Monat ruhen lassen. Mit einer längeren Lagerung verbessert sich sein Geschmack.

Den Pastis in ein Glas geben und kaltes Wasser hinzufügen, bis die gewünschte Verdünnung erreicht ist. Das Wasser kann mit Eiswürfeln gekühlt werden, bevor man es in den Pastis gießt. Das Eis nicht direkt in den Alkohol geben. (Rezept aus dem Kanton Freiburg, mitgeteilt von G. C.)

Neben den bekannten Pastismarken Pernod und Ricard seien noch zwei industriell hergestellte Produkte vorgestellt: der bläuliche Pastis de Marseille *P'tit Bleu* sowie der *Pastis Henri Bardouin*. Der selten angebotene *Pastis Henri Bardouin* enthält neben den üblichen Zutaten Kardamom, Pfeffer, Sternanis, Muskat, Zimt und Nelken auch Salbei, Tonkabohnen sowie das in der Provence vorkommende Tausendgüldenkraut. (Informationen zum *Pastis Henri Bardouin* unter www.franceway.com/regions/provence/pastis/pastis.htm). Das Tausendgüldenkraut (Synonyme: Fieberkraut, Bitterkraut) regt als Bittermittel den Appetit an und erhöht die Magensaftsekretion (Wichtl 2002: 125).

Das am 7. Oktober 1910 um Mitternacht in Kraft getretene und mittlerweile wieder aufgehobene Absinthverbot in der Schweiz geht auf ein Familiendrama in der waadtländischen Gemeinde Commugny zurück. 1905 hatte der völlig betrunkene Jean Lanfray seine Frau und seine zwei Kinder getötet

»Messieurs, c'est l'heure«: Ein Familiendrama in der Gemeinde Commugny führte in der Schweiz zu einem Absinthverbot, das am 7. Oktober 1910 um Mitternacht in Kraft trat. Zeitgenössische Illustrationen.

(Droz o. J.: 24 ff.). Die darauf eingereichte Initiative, die ein generelles Absinthverbot verlangte, wurde am 5. Juli 1908 von allen Kantonen außer Genf und Neuenburg angenommen. Zwei Jahre später trat das in der Bundesverfassung verankerte Gesetz in Kraft.

Seit dem 1. Januar 2005, einhundert Jahre nach dem Totschlag von Commugny, ist der Absinth wieder legal erhältlich. Das Verbot ist aufgehoben und mit ihm ist verschwunden, was den Mythos der *fée verte* oder *petite bleue* ausmachte: der Reiz des Verbotenen und Verruchten. Die schwärmerischen Erzählungen von durchzechten Nächten gehören der Vergangenheit an und mit ihnen die Legenden vom Geist des Absinths, der an einsamen Abenden die Dichtung beflügelt und erotische Begierden weckt: Mit der Legalisierung entblößte man die grüne Fee ihrer Erotik, vergleichbar mit einer schönen Frau, die man ihrer reizvollen Kleider beraubt und unter Neonlicht zur Schau stellt. Tempi passati.

Nicht ganz allerdings, denn der seit der Legalisierung erhältliche Absinth ist mit maximal 45 Volumenprozent ein kraftloses Gesöff. Guter Absinth muss mindestens 53 Volumenprozent, noch besser aber 60 oder 65 Volumenprozent haben (Mitteilung von G. C.). Diesen Absinth, den echten, hat es schon immer gegeben, und es gibt ihn auch heute, allerdings nur *sotto banco*[12], wie man in der Südschweiz zu sagen pflegt.

Privatrezept zur Herstellung von Absinth

In 1 Liter Alkohol von 85 Volumenprozent werden die folgenden Zutaten eingelegt:

5 g Wermut (Blätter)
10 g Fenchel (Kraut)
10 g Lakritze (Wurzel)
5 g Sternanis (getrocknet, in Drogerien erhältlich)

Die Mischung wird nach 48 Stunden gefiltert. Dann gibt man 5 g Anisöl dazu und verdünnt den Auszug mit 400 g frisch abgekochtem Wasser. (Rezept von einem Liebhaber der grünen Fee zur Verfügung gestellt.)

12 Wörtlich: unter der Bank, gemeint ist unter dem Ladentisch bzw. unter der Hand.

Tiré des mémoires de feu Dr. Pharmacien A. BIOLEY.

"L'absinthe suisse est la plus goûtée des consommateurs.
"Elle se compose, pour 1 hectolitre, des substances suivantes:

Grande absinthe sèche	2 kg. 5oo
Anis vert	5 "
Fenouille de Provence	5 "
Alcool à 85 %	95 litres

"On laisse macérer ces ingrédients dans l'alcool pendant "12 heures au moins. On ajoute 45 litres d'eau au moment de "distiller, puis on procède à la distillation pour retirer "95 litres d'esprit parfumé. On continue l'opération afin "d'avoir tous les flegmes qui sont mis à part pour servir "à une autre operation.

"On obtient la couleur verte avec les substances suivantes:

Petite absinthe sèche	1 kg.
Hysope (sommité sèche des feuilles)	1 kg.
Mélisse citronné	o.5oo "
Esprit parfumé (produit de la distillation)	4o litres

"La couleur verte de l'absinthe jaunit en vieillissant, "en même temps qu'elle fournit du montant. L'hysope remplit "le même but en donnant une belle couleur verte que la "mélisse augmente encore. Enfin, la petite absinthe, par sa "teinte un peu jaunâtre, modifie la trop grande vivacité "de nuance de cette couleur verte et vient également, par "sa légère amertume et son arome, joint à ceux de la grande "absinthe, apporter à l'ensemble du liquide ce caractère "propre aux absinthes de bonne qualité.

"Mais l'absinthe de bonne qualité est chose assez rare "dans le commerce, ce qui est d'autant plus regrettable "que cette liqueur, même de bonne qualité, est déjà dangereuse; à plus forte raison l'absinthe de consommation "courante est un liquide des plus malsains.

"Le grand public n'a pas été sans remarquer que l'usage "continue de l'absinthe provoquait chez le consommateur "des désordres graves et spéciaux. Et l'expression de "<u>buveurs d'absinthe</u> est presque devenu synonime de <u>fou</u>.

Nicht für den Hausgebrauch: Erinnerungen und Rezepte des Brennmeisters A. Bioley. Privatbesitz.

Fraglich ist auch, wie hoch der Anteil an Wermut im industriell hergestellten Absinth tatsächlich ist. Denn es ist der Wermut bzw. seine Wirkstoffe, die für jene Visionen und erotischen Bilder verantwortlich sind, die von ganzen Künstlergenerationen besungen wurden und es – nostalgisch verklärt – immer noch werden.

Die Hauptbestandteile der Pflanze sind ein ätherisches Öl, das reich an Thujon ist, Bitterstoffe (Absinthin) sowie Gerbstoffe. Der Hauptwirkstoff Thujon hat eine ähnliche Wirkung wie THC in Cannabis (Rätsch 1998: 72). Ohne Thujon ist Absinth ein Schnaps unter vielen, von denen er sich vor allem durch seinen Anisgeschmack unterscheidet, der allerdings nicht vom Wermutkraut, sondern von Anisöl stammt. Auf dem Thujon beruht die das Gehirn schädigende Wirkung des wermuthaltigen Absinths. Übermäßiger Genuss erzeugt Schwindel, Erbrechen, epilepsieähnliche Anfälle und in schweren Fällen Bewusstlosigkeit (Furlenmeier 1978: 46).

Absinth wird nicht durch Mazeration, sondern durch Destillation gewonnen, das heißt, das Wermutkraut ist beim Brennvorgang bereits enthalten, wodurch die Bitterstoffe weitgehend ausgeschieden werden.

Im Jahr 1906, zwei Jahre vor der Annahme der Initiative zur Einführung des Absinthverbots, zählte die Eidgenössische Alkoholverwaltung allein im Val-de-Travers siebzehn Brennereien, die später die Produktion aufgeben oder auf die Herstellung anderer Produkte ausweichen mussten. In Tat und Wahrheit wurde Absinth auch nach dem Verbot weiterhin in Kellern und Scheunen abgelegener Gehöfte schwarz gebrannt. Flog eine illegale Brennerei auf, landeten die beschlagnahmten Destilliergeräte im Zwischenlager der Eidgenössischen Alkoholverwaltung in Delsberg. Dort wurden sie, sofern es sich nicht um ausgesprochene Museumsstücke handelte, vernichtet.

Absinth im Gesetz

In der Schweizerischen Lebensmittelverordnung (Lebensmittelverordnung SR 680, AS 1995) wurde das Absinthverbot wie folgt definiert:

Art. 433

»1 Fabrikation, Einfuhr, Transport, Verkauf und Aufbewahrung zum Zwecke des Verkaufs von Absinth oder Nachahmungen von Absinth sind verboten.

2 Als Absinth gilt jede Spirituose, die Thujon sowie aromatische Bestandteile des Wermutkrautes in Verbindung mit anderen aromatischen Stoffen, wie Anis, Fenchel und dergleichen enthält, nach Anis oder Fenchel riecht und beim Verdünnen mit Wasser ein trübes Getränk ergibt.

3 Als Nachahmungen des Absinthes gelten alle mit Anis, Fenchel und dergleichen aromatisierten, alkoholischen Getränke, die:

a. beim Verdünnen mit 14 Volumenteilen destilliertem Wasser von 20 °C eine Trübung ergeben, die nach Zugabe von weiteren 16 Volumenteilen destilliertem Wasser von 20 °C nicht vollständig verschwindet; oder

b. mehr als 45 Volumenprozent Ethylalkohol aufweisen.«

In der Regel enthält ein typischer Absinth mehr als 15 mg/l Thujon. Gehalte zwischen 2 und 15 mg/l weisen auf Mitverwendung von Wermutkraut hin. Gehalte von weniger als 2 mg/l können vernachlässigt werden. Im Wermutwein liegen die Gehalte an Thujon unter 1 mg/l.

Das nicht nur psychedelisch-aphrodisisch, sondern in Überdosen auch giftig wirkende Thujon erzeugt veränderte Bewusstseinszustände, die mit der Wirkung von Marihuana vergleichbar sind: In Mexiko werden die getrockneten Blätter deshalb als Marihuana-Ersatz geraucht. Der Genuss soll euphorisch-aphrodisische Stimmungen auslösen (Rätsch 1990: 48). In einer Studie vergleichen J. del Castillo, M. Anderson und G. M. Rubottom die chemische Struktur von Marihuana und Absinth und verweisen auf die Ähnlichkeit der von Thujon und THC verursachten Wirkung auf das Bewusstsein: «There are striking similarities between the psychological actions of the liqueur absinthe and the experiences frequently reported by users of marijuana. We have therefore compared the properties of thujone and tetrahydrocannabinol (THC), which are believed to be the active principles of Artemisia absinthium and Cannabis sativa, respectively. Both substances are terpenoid, derived from the essential oils absinthol and cannabinol, and are formed by similar biosynthetic mechanisms. (...) Thujone and THC have similar molecular geometry and similar functional groups available for metabolism« (Del Castillo et al. 1975: 365).

Auch Nachahmungen waren verboten. Der Anisschnaps mit dem dem Namen »Acsent« kam nie in den Handel, obschon die Etiketten bereits gedruckt waren. Distillerie Studer & Co. AG.

Mit der Verbindung zu Cannabis, der heiligen Pflanze der germanischen Göttin der Liebe und der Fruchtbarkeit, schließt sich der Kreis. Fast nahtlos fügt sich somit der die Verdauung anregende Absinth in die Reihe der schweizerischen Liebestränke. Und er ist ein echt schweizerisches Produkt, obschon er im benachbarten Frankreich groß geworden ist.

Vino Vermouth

Der ebenfalls der Verdauung förderliche Wermutwein hat sich in zahlreichen italienischen Aperitifgetränken erhalten. Im Kräuterbuch des P.A. Mattioli, das Sigmund Feyerabend 1590 in Frankfurt a. M. druckte, heißt es im Abschnitt über den Vinum absinthiacum, den Wermutwein (Seite 234): »Im Herbst in der Weinlesung macht man guten Wermutwein / so man den Wermut mit den Trauben eynlegt / vnd tritt oder presst / darnach verjaeren sie mit einander im Fass. Solcher Wermutwein ist zu allen obgenannten Gebresten gut / sonderlich zu dem Magen / das wissen die vollen Brueder wol / wenn sie zu nacht jrem Baccho fleißig gedienet haben / gegen den Morgen ruffen sie den Wermutwein an / der soll die gestrige Fuell verdrucken / vnd den Magen widervmb eynrichten.«

Wermutwein soll demnach helfen, die Folgen durchzechter Nächte zu lindern und im Magen wieder Ordnung zu schaffen. Ähnlich äußert sich auch Leonhart Fuchs in seinem 1543 in Basel gedruckten »New Kreüterbuch«, wenn er im Kapitel über den Wermut sagt: »Der Wermutwein bekompt treffenlich wol dem magen / dann er stercket seine dewung / macht auch lust zue essen.«

Der gleichen Meinung ist auch Most, der gleichzeitig ein Rezept angibt: «Man übergießt ein bis zwei Loth trockenes und zerriebenes Wermuthkraut (oder vier Loth grünes) mit einer Kanne Wein, lässt es einige Tage ausziehen und trinkt davon täglich ein bis zwei Weingläser voll. Noch besser wird der Wermuthwein, wenn man im Frühling eine kleine Handvoll des frisch auskeimenden grünen Krauts von der Pflanze abpflückt und mit einer Flasche Wein infundiert. Das Kraut selbst darf hier ebenso wenig, als wie bei der Bereitung des Wermuthbranntweins zerschnitten werden, sonst verlieren beide ihre schöne helle grüne Farbe« (Most [1843] 1984: 28).

Industrielle Produktion: Reklametafel für »Vino Vermouth«. Das Zentrum der Herstellung von Wermutwein ist bis heute Turin.

Moderne »Liebestrünke«

Die Basis der meisten Liebestrünke ist Wein oder Weinbrand. Ihre Wirkung entfalten sie sowohl durch den Alkohol, als auch durch die ihnen beigegebenen Gewürze und Drogen, die bereits im Orient eine wichtige Rolle als Aphrodisiaka spielten (Rätsch 1990; Rätsch und Müller-Ebeling 2003).

Aus den orientalischen Liebestrünken entstanden später die Kraft- und Arzneiweine des Abendlandes, deren Rezepturen sich in der kaum übersehbaren Zahl der Kräuterliköre und gewürzten Weine erhalten haben. Dazu einige Beispiele mit Hinweisen zur Herstellung.

Anisette Surfine: Anisette ist einfach herzustellen. Der Likör besteht aus Alkohol, Wasser, Zucker und Anisöl.

Anis wurde schon in der Antike als Antidot (Gegengift) und Aphrodisiakum benutzt. Laut Dioskurides reizt Anis zum Beischlaf. Alle diese guten Eigenschaften ließen Anis zu einem der meistverwendeten Gewürze der griechischen und römischen Gesellschaft werden.

Anregend: »Anisette Surfine« ist ein reines Anisgetränk. Anis galt schon in der Antike als Aphrodisiakum.

Quinquina Hygiénique: Hauptzutat des aus Frankreich stammenden Aperitifs ist Chinarinde *(Cinchonae calisaya*, dt. *Königs-Chinarinde*, frz. *quinquina jaune royal).*[13] Der deutsche Name *Chinawein* bezieht sich somit nicht auf die Herkunft des Getränks, sondern auf seinen Inhalt.

Chinarinde ist gegen Wechselfieber wirksam und stärkt das Nervensystem. In der »Encyklopädie der Volksmedizin« von 1843 wird eine unter anderem aus Chinarinde hergestellte und die Potenz hebende *Tinctura Chinae composita* empfohlen die *»ante et post coitum«* (vor und nach dem Beischlaf) eingenommen werden soll. Die Tinktur wird aus Chinarinde, Enzianwurzeln und Pomeranzenschalen hergestellt. Man nimmt zwei- bis dreimal täglich 30 bis 60 Tropfen mit Wein (Most [1843] 1984: 128). Ein damit verwandtes Rezept zur Herstellung eines *China-Elixiers* von 1903 nennt zusätzlich verschiedene Gewürze, die alle auch als Aphrodisiaka verwendet werden.

Elixir Chinae (China-Elixier)

»Neun Teile gequetschte Malabar-Kardamomen, fünfzehn Teile grob zerstoßener Sternanis, fünfzehn Teile grob gepulverter Ceylonzimt, vierundzwanzig Teile grob gepulvertes Sandelholz, dreißig Teile mittelfein zerschnittene Gewürznelken, einhundertfünfzig Teile mittelfein zerschnittene Pomeranzenschalen, dreihundertundsechzig Teile grob gepulverte Königs-Chinarinde werden mit dreitausenddreihundert Teilen verdünntem Weingeist und dreitausendneunhundert Teilen Wasser 14 Tage lang bei 15 bis 20 Grad unter häufigem Umschütteln stehen gelassen. Der abgepressten und filtrierten Flüssigkeit wird eine heiße Lösung von eintausendfünfhundert Teilen Zucker in eintausend Teilen Wasser zugesetzt, die Mischung drei bis vier Wochen der Ruhe überlassen und filtriert.« (Aus: *Vorschriften zur Selbstbereitung Pharmazeutischer Spezialitäten,* herausgegeben vom Deutschen Apotheker-Verein, Sobernheim 1903.)

Chinawein ist ein ausgezeichnetes Stärkungsgetränk. Man nimmt davon täglich zwei- bis dreimal ein halbes Weinglas voll. Beliebt war der Chinawein um 1900 in Frankreich, sowohl im Mutterland als auch in den Kolonien. Man trank ihn als Aperitif vor den Mahlzeiten, bei Magenschwäche und nach überstandenen fiebrigen Krankheiten.

13 Hinweis von Dr. Bibiana Longauer, Alte Suidtersche Apotheke, Luzern.

Schweizer Produkt: Reklametafel für Chinawein aus Morges, um 1910. Mit Chinarinde versetzte Tinkturen und Weine sollen gut für die Potenz sein.

Bei industriell hergestellten Chinaweinen war jeweils die Warnung aufgedruckt: »Ce vin n'est pas un médicament.« Eine bekannte französische Marke war der *Quinquina Hygiénique*. In der Schweiz machte sich die Firma Gamboni & Cie. in Morges mit ihrem *Stimulant Vin & Quinquina* einen Namen. In der Engel-Apotheke in Einsiedeln wird ein Eisenchinawein angeboten, der gemäß dem beigegebenen Faltblatt als »Stärkungs- und Kräftigungsmittel bei Blutarmut, Nervosität und als Tonikum nach Krankheiten« eingenommen werden soll.

Chinawein kann man auf einfache Weise auch selbst herstellen. Man gibt vier Loth Königs-Chinarinde[14] (in Drogerien und Apotheken erhältlich) zu einer Flasche guten alten Weines. Die Mischung 24 Stunden an der Wärme ziehen lassen und anschließend filtern.

Perfetto Amore: Der Name der ursprünglich aus Cagliari in Sardinien stammenden Spezialität sagt eigentlich alles. *Perfetto Amore* enthält neben Alkohol und Wasser Zimt, Nelken, Orangen- sowie Zitronenschale. Das Getränk wird künstlich gefärbt.

In fast allen Rezepten zur Hebung der Mannskraft werden Zimt und Nelken empfohlen. Der Gebrauch von Nelken als Aphrodisiakum ist über 5000 Jahre alt.

14 1 Loth entspricht 15,625 g. Quellenhinweis: Bundesgesetz vom 23. Dezember 1851 die Maß- und Gewichtsordnung betreffend. Siehe Tabelle zur Umwandlung der alten schweizerischen Maße und Gewichte in das metrische System, Seite 111.

Vino Vermouth: Nach der Legende wurde bereits in der Antike Wermutwein hergestellt. Im alten Griechenland soll Wein mit Gewürzen und Kräutern, darunter *Artemisia absinthium* L., angereichert worden sein. Von den Hellenen gelangten die Rezepturen nach Italien, wo sie durch Gewürze und Drogen (insbesondere Chinarinde und Vanille) aus Indien, Indonesien, Afrika und Amerika verfeinert wurden. Was bis heute blieb, ist der Name: *Vino Vermouth*.

Die unbestrittene Hochburg des Wermutweins ist bis heute Turin, wo bereits im frühen 18. Jahrhundert aromatisierte Weine wie zum Beispiel Cinzano hergestellt wurden. (Die Firma wurde 1757 von Francesco Cinzano gegründet. Der ebenfalls auf der Basis von Wein hergestellte Cinzano enthält daneben noch Zucker, Weinbrand und verschiedene Aromastoffe.) Damals hieß der ursprünglich von Apothekern hergestellte Wermutwein *vinum absinthiatum*. Der erste schriftliche Beleg dafür stammt aus dem Jahr 1763.

Grundlage des italienischen Wermuts ist Wein, der rund 75 Prozent der Gesamtmenge ausmacht. Der Rest besteht aus einem Auszug von Kräutern und Gewürzen, einer Zuckerlösung (rund 14 Prozent) und Weinbrand oder neutralem Alkohol, um den vom Gesetz vorgeschriebenen Alkoholgehalt von rund 16 Volumenprozent zu erreichen.

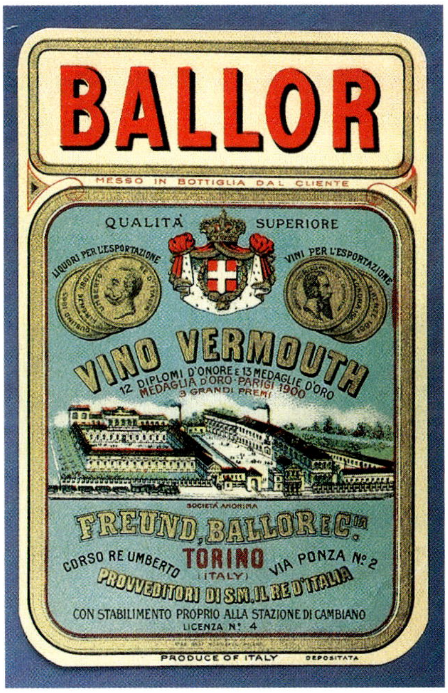

Aufregend: »Perfetto Amore«. Der Name des aus Sardinien stammenden Likörs sagt eigentlich alles. Flaschenetikette aus der Zeit um 1900.

Doppelwirkung: Bittergetränke wie »Vino Vermouth« und »Campari« hatten ursprünglich die Funktion, den Magen und damit das sexuelle Vermögen zu stärken. Etikette, um 1890. Postkarte, um 1960.

Seit einiger Zeit ist ein *Vermut Pregiato*, der nach dem 1786 datierten Originalrezept von Giuseppe B. Carpano fabriziert wird, auf dem Markt. Der *Classico Vermut Vanigliato* wird von der Firma F.lli Branca Distillerie S.r.l., Milano, vertrieben. Angeboten wird diese Spezialität in nummerierten Flaschen, die nach Vorbildern des 18. Jahrhunderts hergestellt wurden. Die Etikette ist eine leicht abgeänderte Kopie einer Originaletikette aus der gleichen Zeit. Der in der Stärke von 16,5 Volumenprozent angebotene Wermutwein hat eine bräunlich-dunkelrote Farbe, ist leicht bitter und hat einen ausgeprägten Geschmack nach Schokolade und Vanille.

Wermutwein ist ein Gewürzwein. Er enthält unter anderem Melisse, Holunder, Rosmarin, Muskatnuss und Muskatblüte. In Asien wie auch in Europa wird Muskatblüte als Aphrodisiakum benutzt. Das darin enthaltene ätherische Öl wirkt anregend und weckt Liebesreize. Das im Öl enthaltene Myristicin ist die Ausgangssubstanz für die Liebesdroge MDA (RÄTSCH 1990: 65).

Alle diese Spezialitäten haben der Qualität wegen ihren Preis. Am besten wendet man sich an einen ausgewiesenen Spirituosen- oder Weinhändler. In den Supermärkten, in denen sich alles nach dem tiefsten Preis und nicht nach der besten Qualität richtet, hält man vergebens danach Ausschau. Allenfalls findet man einen verstaubten Billigst-Marsala, der jedoch mit dem einmaligen Geschmack eines gut gelagerten Qualitäts-Marsala in keiner Weise zu vergleichen ist.

Schlussfolgerung

Obschon Kräuter und Gewürze in fast allen Kulturen in Liebesdingen eine wichtige Rolle spielten (und heute noch spielen), ist die aphrodisierende Wirkung der oben genannten Liköre und Kräuterweine nur zum Teil auf die verwendeten Zutaten zurückzuführen. Zu gering sind die in einem oder zwei Gläschen enthaltenen Anteile an aphrodisierenden Substanzen. Welche Mengen es braucht, damit insbesondere die Gewürze in einem unmittelbar spürbaren (!) Ausmaß auf das Bewusstsein wirken, zeigt ein bei SCHULDES publizierter Erfahrungsbericht mit Muskatnuss. In Abständen von einer Stunde nahm die Versuchsperson insgesamt drei Esslöffel des gemahlenen Gewürzes. Trotzdem hatte das darauf folgende Erlebnis lediglich die Intensität eines mittleren Marihuana-Rausches (SCHULDES o. J.:84).

Aber auch in geringen Quantitäten genossen, haben die in unseren Rezepten erwähnten Zutaten eine das Liebesleben anregende Wirkung, ohne dass notwendigerweise ein Rauschzustand eintreten muss.

Bei der Frage nach der tatsächlichen Wirkung der hier genannten Kräuterweine und Liköre ist von einem Zusammenspiel verschiedener Faktoren auszugehen, bei dem psychologische Momente (Erwartenshaltung) ebenso ins Gewicht fallen wie die in den Liebestränken selbst enthaltenen aphrodisierenden Kräuter und Gewürze. Im Besonderen gilt das auch für den Hypokras, den süßlich-schweren Gewürzwein, der seinen Ursprung im Orient hat.

27
1
2a
2b
Klatsch=Mohn,
paver rhoeas L.
2a, b. Schlaf=Mohn,
Papaver somni-
ferum L.

Schmetterlinge im Bauch

Charles Baudelaires «Wein der Liebenden«

Wie bei vielen Schriftstellern ist auch das Werk des französischen Dichters, Kunstkritikers und Essayisten Charles Baudelaire (1821–1867) wesentlich von seinem Seelenzustand geprägt, der nicht zuletzt auch mit seiner Gesundheit zu tun hatte. Baudelaire war schwer krank. Seit seinem achtzehnten Lebensjahr litt er unter Haarausfall und Hautausschlägen. Mit sechsundzwanzig kamen infolge exzessiven Alkohol- und Opiumgenusses Magen- und Darmbeschwerden hinzu. Spätestens zu dieser Zeit waren nervöse Störungen die Regel. Seiner Verbindung mit der Mulattin Jeanne Duval stand die Paralyse entgegen, eine Krankheit, die ihm besonders gegen Ende seines Lebens physisch und psychisch heftig zusetzte. Angesichts dieser erdrückenden Last gesundheitlicher Probleme glaubte sich Baudelaire verflucht und verstoßen. In der Folge grenzte er sich von der bürgerlichen Normalität ab und suchte Trost und Zuflucht in Traumwelten, deren Pforten sich ihm durch Wein, Opium und Haschisch öffneten. In den nachfolgenden Zeilen spiegeln sich Baudelaires Erfahrungen mit psychoaktiven Substanzen, die fast alle seine Arbeiten beeinflusst haben:

»Die schmutzigste Spelunke lässt der Wein
Uns wunderbar und prächtig sehn,
Lässt eine Säulenhalle märchenhaft entstehn,
Goldglänzend in dem roten Schein,
Wie Sonnenstrahlen, die im Dunst vergehn.
Das Opium macht Grenzenloses weit
Und Unbeschränktes riesenhaft,
Vertieft die Zeit, höhlt aus, was Wollust schafft,
Und füllt mit düsterer Lustbarkeit
Die Seele über ihre Fassenskraft.«[15]

CHARLES BAUDELAIRE, *Die Blumen des Bösen (Das Gift)*

Baudelaires angeschlagener seelischer und körperlicher Zustand wie auch seine verwirrende Widersprüchlichkeit ziehen sich durch sein gesamtes

15 Dieses und die nachfolgenden Zitate aus »Die Blumen des Bösen« folgen der Übersetzung von Monika Fahrenbach-Wachendorff (Reclams Universal-Bibliothek Nr. 5076, Stuttgart 1992).

Kaum bekannt: Das aus dem Schlafmohn gewonnene Opium war ein wichtiger Bestandteil orientalischer Liebesweine (aus DINAND 1912).

dichterisches Werk. 1857, zehn Jahre vor seinem Tod, erschien der umstrittene Gedichtband »Les Fleurs du Mal« (Die Blumen des Bösen). Die Veröffentlichung mit den zweideutigen, anklagenden und gegen die bürgerliche Scheinmoral lästernden Texten zog ein Gerichtsverfahren nach sich, in dessen Verlauf er gezwungen wurde, sechs seiner Gedichte zurückzuziehen.

Wie eine lichtvolle Insel inmitten dunkelster Betrübnis und Verzweiflung nimmt sich in »Les Fleurs du Mal« das Gedicht »Der Wein der Liebenden« aus. Nicht von Rausch und Hemmungslosigkeit, nicht von verruchtem Laster und bewusster Boshaftigkeit ist darin die Rede, sondern von einem sanften Entschweben in den strahlend hellen Himmel des Paradieses, wenn er schreibt:

»Strahlend ist heute der Raum!
Ohne Sporen und Zügel und Zaum,
Sprengen wir, hoch auf dem Wein,
In den Zauberhimmel hinein!
Zwei Engeln gleich, die Fiebergluten
Unerbittlich überfluten,
Wollen wir uns der gläsern-blauen
Spiegelung der Ferne anvertrauen!
Von dem sanften Flügelschlagen
Weiser Wirbel fortgetragen,
Gleichem Rausche hingegeben,
Meine Schwester, lass uns schweben,
Fliehen, rastlos ohne Ruh,
Dem Paradies der Träume zu!«

Eine fremd anmutende Wirklichkeit ist es, die Baudelaire hier vor dem Leser ausbreitet. Ungewohnt ist dieses Gedicht auch im Vergleich zu jenen Texten, die voll Melancholie und Trübsinn sind. Ist es die Liebe, ist es der Wein, oder ist es gar beides, das jene Reisen in den Zauberhimmel ermöglicht, von denen uns der Dichter erzählt? Wir wissen zwar, dass nach dem Genuss von Wein eine angenehm-wohlige Wärme den Körper durchflutet. Wein entspannt und macht schläfrig, doch was ist mit dem strahlend hellen Raum gemeint, in den man nach Baudelaire mit sanftem Flügelschlagen gelangt?

Sinnesrausch: Dionysos oder Bacchus, der Gott der Sinnesfreuden, hat den Wein und die damit verbundenen Kulte von Kleinasien nach Griechenland und Italien gebracht. Foto, um 1900.

Von welcher Beschaffenheit sein Wein der Liebenden ist, sagt uns der Dichter nicht. Der Leser kann die Wahrheit höchstens erahnen. Wir wissen es: Wein ist nicht gleich Wein. Zwar schenkt ein Gastgeber, der etwas auf sich hält, seinen Gästen ganz im Sinne des Wortes reinen Wein ein. Aber auch er trinkt nach überstandenen Krankheiten oder zur Stärkung des Verdauungssystems mit Vorliebe Weine, die mit ganz bestimmten Kräutern und Gewürzen versetzt worden sind. Diese Weine werden in den volksmedizinischen Hausbüchern des 19. Jahrhunderts unter dem Begriff Arzneiweine zusammengefasst (vgl. Most [1843] 1984: 27). Wie einen Likör trinkt man zum Beispiel den *Vina medicata*, den Arzneiwein, nicht während des Essens, sondern dann, wenn es darum geht, im Magen wieder Ordnung zu schaffen.

Ein vorzügliches Mittel gegen Magendrücken und Magenbrennen ist der Engelwurzwein, der in vielen volksmedizinischen Ratgebern des 19. Jahrhunderts beschrieben wird. Der Wurzel *(Angelica archangelica* L.), mit der er versetzt ist, verdankt er seine Bitterkeit. Engelwurz wirkt magenstärkend, schleimlösend und allgemein belebend, weshalb der daraus bereitete Wein nach Krankheiten vor allem als kräftehebendes Mittel eingenommen wird. Die Wurzel hilft aber auch bei Unterleibsschmerzen, bei Brust-, Magen- und Lungenverschleimungen.

Engelwurzwein wird hergestellt, indem man 50 bis 60 Gramm der Wurzel in eine Flasche alten Wein gibt und das Ganze gut verschlossen einen Tag lang stehen lässt. Dann fügt man etwas Kardamom hinzu, lässt die Mischung nochmals einige Zeit stehen, gießt den Wein durch ein Sieb und trinkt davon täglich zweimal ein halbes Glas (nach Zimmerer [1896] 1987: 275).

Nicht nur bei Krankheiten: Anzeige für »Medicinal-Tokayer«. Der Wein wurde als »Stärkungsmittel bei allen Krankheiten« empfohlen und verkauft. Aus dem Luzerner Volksblatt vom 8. Juli 1890.

Interessant ist in diesem Zusammenhang, dass nach den alten Rezeptbüchern die Wurzel ein wichtiger Bestandteil des mittelalterlichen *Theriaks* war, der später seines

Opiumgehalts wegen zu einem heimlichen Aphrodisiakum wurde (RÄTSCH und MÜLLER-EBELING 2003: 674).

Ein verkümmerter Rest des mittelalterlichen Theriaks ist der *Schwedenbitter*. Im Kanton Luzern sind fertige Mischungen erhältlich, die auch Engelwurz enthalten. In den ersten Jahren nach dem Zweiten Weltkrieg enthielt der im Rezept eines Luzerner Drogisten erwähnte *Theriak venecian* noch echtes Opium (siehe unten). Die von seinem Vater hergestellte Mischung ist gemäß seinen Angaben auffallend oft von Frauen gekauft worden, die den schwärzlichen Theriak mit einer Pinzette herauslasen und ihn ohne die übrigen Zutaten wie Opium gebrauchten.[16] Erst später ist der echte venezianische Theriak durch das opiumfreie *Electuarium Theriaca sine opio EB6* ersetzt worden (RÄTSCH, Fröhlichkeitspillen 1990: 20).

Schwedentee Nr. 22[17]

Aloe	26 g
Theriak venecian	18 g
Myrrhe	13 g
Tausendgüldenkraut	9 g
Diotöm	7 g
Terra sigulata fer.	5 g
Enzian	7 g
Angelikawurzel	7 g
Eberwurz	4 g
Kampfer	2 g
Tormentill	2 g
Bibergail	2 g
Lärchenschwanz	5 g
Safran	2 g
Muskatblüte	2 g
Sennesblätter	2 g
Kalmuswurzel	18 g
Muskatbohnen	35 g

Mit 1 bis 2 Liter Branntwein ansetzen und 6 Wochen im Dunkeln stehen lassen. 125 g der Mischung kosteten Fr. 15.50.

16 Gemäß mündlicher Mitteilung.

17 Kopie des Originalrezeptes im Besitz des Verfassers. Schreibweise der Zutaten nach dem Originalrezept.

Neben den heute noch bekannten Gewürzweinen gab es im Orient und im alten Griechenland Weine, denen zusätzlich halluzinogen wirkende Substanzen beigemischt wurden. Sie versetzten jene, die ihn einnahmen, in ekstatische Zustände, in denen sich die Seele öffnete und sich das Innerste offenbarte. »In vinum veritas«, im Wein liegt die Wahrheit, sagen daher die Lateiner, ein durchaus wörtlich zu nehmender Ausdruck, denn erst mit diesen Zusätzen offenbart der echte Wein der Liebenden seinen wahren Charakter.

Doch wenden wir uns vorerst dem Tafelwein zu. Nicht von den Anbaugebieten ist nachfolgend die Rede und auch nicht von der Lagerung und Verarbeitung des Weines, sondern von seiner traditionellen Rolle in Herzensangelegenheiten.

Der Wein und die Liebe

Der Wein, den wir im Kreis lieber Freunde oder als Begleitung zu einem guten Essen trinken, unterscheidet sich schon durch seinen Geschmack von jenen Weinen, die vor allem ihrer Beimengungen wegen getrunken werden. Doch auch der unversetzte Tischwein kann seinen Beitrag zu den zwischenmenschlichen Kontakten leisten. Ein guter Tropfen fördert bekanntlich den Austausch bis hin zu jenem von Zärtlichkeiten, weil er anerzogene Hemmungen mindert. Im Übermaß genossen, wirkt er jedoch wie alle alkoholischen Getränke enthemmend. An die Stelle paradiesischer Lust treten dann nicht selten Peinlichkeiten, an die sich die Beteiligten nur ungern erinnern.

Zu den Folgen der Trunkenheit bemerkte schon der römische Dichter und Philosoph Seneca: »Sobald des Weines überwältigende Kraft die Herrschaft über uns gewonnen, tritt jedes bisher verborgene Laster zutage. Die Trunkenheit erzeugt nicht unsere Untugenden, sie bringt sie nur ans Licht« (zit. nach Rätsch und Müller-Ebeling 1989: 68).

Aber der Wein bringt nicht nur die negativen Seiten des Innersten zum Vorschein, sondern auch aufgestaute Sehnsüchte, Wünsche und Begierden, die in unserer Kultur gesellschaftlicher Zwänge wegen vielfach unterdrückt werden. Treffend sagt dazu Baudelaire: »Wer nur Wasser trinkt, hat etwas zu verbergen.«

In Gedichten, Liedern und Briefen kommt das tief im Herzen Verborgene zum Vorschein. In ihnen gewinnt

Kanton Obwalden.

Verzeichnis

der mit dem Trinkverbot belegten Personen.

In Gemäßheit von Artikel 4, Ziffer 6 des Polizeistrafgesetzes sind nachstehende Persönlichkeiten durch gerichtliches Urteil mit dem öffentlichen Trinkverbot belegt. Infolgedessen ist denselben der Besuch der Wirts- und Schenkhäuser bei Strafe untersagt und es dürfen ihnen auch keinerlei geistige Getränke über die Gasse verabfolgt werden:

Sarnen. – Alpnach. – Giswil. – Lungern. – Kerns. – Sachseln. – Engelberg.

Desgleichen ist nach Maßgabe von Art. 35 des Wirtschaftsgesetzes denjenigen Personen, welche durch kantonsgerichtliches Urteil in den bürgerlichen Rechten und Ehren eingestellt sind, der Besuch der Wirtshäuser und der Bezug von geistigen Getränken ebenfalls verboten. Es sind dies Folgende:

Kerns. – Giswil. – Alpnach. – Engelberg.

Sarnen, im Januar 1913.

Die Standeskanzlei.

Pranger für Unbelehrbare: Die im Januar 1913 erstellte Liste der notorischen Trinker wurde von der Standeskanzlei des Kantons Obwalden erstellt und öffentlich ausgehängt.

die unerfüllte oder verlorene Liebe – wie im folgenden Gedicht eines unbekannten Autors – an Gestalt:

»Leid, unsägliches Leid martert
meine Seele.
Ich bin dir nahe, ich spüre dich
und doch
bin ich dir so ferne. Ich fühle
den Schmerz,
den nagenden, den fragenden,
den verzehrenden.
Er quält mich, er peinigt und lähmt
und dennoch
vereinigt er dich und mich.«

Anders als die Gedichte, die meist voll Leid und Liebesschmerz sind, zeigen viele Stiche, Gemälde und Postkarten den erotischen Teil der zwischenmenschlichen Beziehungen. Auf einem Gemälde von Raymond René Aiffre (1806–1867) greift ein barfüßiger Bursche mit lüsternem Blick nach der Brust einer jungen Frau, die soeben am Brunnen Wasser geholt hat. Ihr Gesichtsausdruck verrät, dass sie ob seiner Zudringlichkeit nicht sonderlich erbost ist, sondern auf diese Begegnung augenscheinlich schon lange gewartet hat. Ein sanft gehauchtes »Oh!« scheint auf ihren Lippen zu liegen. Zu gekünstelt wirkt ihre Gestik, als dass ihr Entsetzen echt sein könnte. Ob der junge Mann dank dem Alkohol die Schranken zwischen ihm und der Begehrten überwand, oder ob gar ein Liebestrank im Spiel war, verrät uns der Künstler nicht.

Hemmungslos. Kolorierter Stahlstich von Albert Henry Payne (1812 bis 1902) nach einem Gemälde von Raymond René Aiffre (1806 bis 1867).

In der sogenannten guten alten Zeit, in der Moral und Sitte hoch bewertet und Sexualität mit Sünde gleichgesetzt wurde, spielte die Erotik eine bemerkenswert zentrale Rolle – und mit ihr auch der Wein. In der Zeit nach 1900 sandten sich viele Liebespaare Postkarten zu, die in Bezug auf die wahren Absichten und die verborgenen Wünsche des Absenders oder der Absenderin keine Fragen offen ließen. Damit sind nicht in erster Linie die Postkarten mit nackten und dem damaligen Geschmack entsprechend eher etwas molligen jungen

Frauen oder in schmucken Uniformen posierenden Männern gemeint, sondern die überall erhältlichen Karten, auf denen Liebespärchen schmusen und hemmungslos dem Wein und der von ihm geförderten Liebeslust zu frönen scheinen. Ganz im Gegensatz zu den damals herrschenden Moralvorstellungen drücken diese Karten ziemlich unverblümt das aus, was sich auch heute viele Menschen sehnlichst wünschen, aber selten aussprechen: Es geht immer um die Liebe, die ihre Erfüllung in der körperlichen Vereinigung findet.

Ein Beispiel dafür ist eine am 15. Oktober 1902 in Lugano abgestempelte Postkarte. Das in einem fotografischen Atelier in Italien aufgenommene Bild zeigt einen reifen Herrn, auf dessen Schoß eine dunkelhaarige junge Frau sitzt. Soeben hat ihr der Grauhaarige die Bluse abgestreift, und es ist wohl bloß noch eine Frage der Zeit, bis sich seine Aufmerksamkeit dem Unterrock zuwendet. Nicht zu übersehen ist auf dieser Karte die Weinflasche mit den leeren Gläsern.

Ob man zu dieser Zeit in der Südschweiz aufgeschlossener war als nördlich der Alpen, ist nicht erwiesen, und vielleicht ist es auch nur ein Zufall, dass eine weitere Karte der gleichen Serie wiederum im Tessin verschickt wurde. Auf dem Bild prostet sich ein gut gelauntes Pärchen fröhlich zu; aus der Nei-

Salute! Ein junges Paar prostet sich fröhlich zu. Am 23. November 1908 in Arogno (Tessin) abgestempelte Postkarte.

gung der Flasche lässt sich unschwer erkennen, dass man sich hier offenbar die letzten Reste teilt. Abgestempelt wurde die Karte in Arogno. Absenderin ist diesmal eine Frau: Enrichetta G. Am 23. November 1908 schickte sie ihrem Liebhaber, den sie mit »Carissimo« (Liebster) anspricht, »saluti e baci«, Grüße und Küsse.

Auf einer anderen Postkarte stehen gleich zwei Flaschen Wein, eine volle und eine halb leere, auf einem Tisch, an dem sich ein Liebespärchen zärtlich aneinander schmiegt. Die Karte wurde am 14. Juli 1909 in Belfort aufgegeben. Damals arbeitete die Post offenbar wesentlich schneller als heute, denn bereits am darauf folgenden Tag traf die Karte auf dem Postamt der Empfängerin ein. Die vielen »Herzensgrüße und tausend Küsse«, die der Verehrer seiner in der Schweiz wohnenden Geliebten schickte, waren bloß einen Tag unterwegs.

Etwas nüchterner tritt der Absender einer am 16. November 1915 in Luzern aufgegebenen Postkarte auf. Wieder ist Wein im Spiel. An einem Tisch sitzt ein gut gekleideter Herr. Er hebt sein Glas, während ihn seine Geliebte umarmt. Darunter steht in goldenen Lettern:

»Dass Du mich lieb hast, sag' mir's auf's neu',
Lass mich nicht zweifeln an Deiner Treu'!«

Nicht ganz zum Kartenmotiv passen die allzu sachlichen Worte, mit denen sich der Absender auf der Rückseite vernehmen lässt. In strenger Fraktur steht da geschrieben:

»Werthe Freundin!
Teile Ihnen mit, dass wir am nächsten Sonntag zu Hause sind.
Mit Gruß. Freundlichst. Walti.«

Eine nüchterne Information, die seelenloser nicht sein könnte. Ob es wohl anerzogene Hemmungen oder mangelnde Liebe war, die dem Verehrer der in Winikon (Kanton Luzern) wohnenden jungen Frau diese Zurückhaltung auferlegten? Oder war es die nasskalte Jahreszeit, die ihn so kühl sein ließ – abgestempelt wurde die Karte am 16. November 1915 in Schüpfheim. Wir wissen nicht, ob in diesem Fall »ein Gläschen in Ehren« schon für Tauwetter gereicht hätte. Wahrscheinlich hätte es doch etwas mehr gebraucht, Baudelaires »Wein der Liebenden« zum Beispiel, der aufgrund seiner Zusätze allerdings nicht ein Tischwein ist, sondern ein veritabler Liebestrank.

Liebestränke im alten Persien

Schon Marco Polo, der venezianische Reisende des 13. Jahrhunderts, erwähnt einen geheimnisvollen Trank, der persischen Jünglingen jene sinnlich-erotischen Reisen ins Paradies ermöglichte, von denen auch in Baudelaires »Der Wein der Liebenden« die Rede ist. Von welcher Art dieser Trank war, sagt zwar auch Marco Polo nicht, aber in einem ähnlich lautenden Bericht des 15. Jahrhunderts heißt es, dass den Jünglingen ein mit Haschisch versetzter Wein verabreicht wurde.

Die Wirkung des Haschischweins wäre jedoch nicht stark genug, um den Schlüssel für die von Marco Polo beschriebenen paradiesischen Traumwelten zu liefern. Spätere Autoren vermuten daher zu Recht, dass diesem Wein nach orientalischer Tradition wohl auch Opium, Schwarzes Bilsenkraut *(Hyoscyamus niger* L.), Stechapfel *(Datura stramonium* L.), Gewürze und die ebenfalls berauschende Alraune *(Mandragora officinarum* L.) beigemengt wurden (vgl. dazu Rätsch und Müller-Ebeling 1989 und die dort zitierte Literatur).

Mit diesen Zusätzen wird der gewöhnliche Wein zu einem überaus berauschenden und aphrodisierenden Getränk. Für die von Baudelaire beschriebenen Reisen in den Zauberhimmel der Liebe ist somit nicht die Reinheit des Weines entscheidend, sondern die Potenz seiner Zusätze. Die Wirkung eines mit Haschisch, Opium und Bilsenkraut versetzten Getränks kommt daher dem von Marco Polo beschriebenen Traum vom erotischen Paradiesgarten wesentlich näher als die eines bloß mit Haschisch vermengten Weines.

Berauschend: das Schwarze Bilsenkraut *(Hyoscyamus niger* L.). In mittelalterlichen Badehäusern wurden seine Samen auf Kohlen gelegt, um unter den Gästen eine erotische Stimmung zu erzeugen.

Die Versuchung: »Vos lèvres à ce fruit.« Postkarte vom 14. Juli 1909.

Haschisch

Haschisch wird durch Extraktion aus dem Harz des indischen Hanfs gewonnen. Die wirksamen Bestandteile, Tetrahydrocannabinol (THC) und andere Cannabinolabkömmlinge, befinden sich in einem harzartigen Sekret, das von Drüsenhaaren an Blüten, Blättern und Stengeln (besonders der weiblichen Pflanzen) ausgeschieden wird.

Hanf wird weltweit angebaut und gehört zu den ältesten Kulturpflanzen der Menschheit. Er liefert nicht nur die begehrten Fasern, sondern auch ölhaltige und nährstoffreiche Samen, die auch bei uns als Nahrung dienten. Seine Verwendung als beliebtes Heil- und Rauschmittel reicht weit in die vorchristliche Zeit zurück. Die arabischen Ärzte des Mittelalters priesen Cannabis als heilige Medizin und mildes Liebesmittel. Die Pflanze ist daher wichtiger Bestandteil von Liebestränken und Hexensalben.

In der Volksmedizin gilt Hanf als Heilmittel bei Nasenbluten, Verdunkelung der Hornhaut, Augenentzündungen, Bruststechen, Lungen- und Herzmuskelentzündungen (Dinand 1911: 34). Gegen Gelbsucht braute man aus den Hanfsamen einen Tee. Ausführlich beschreibt der »Kräutersegen« von 1898 die verschiedenen Anwendungsmöglichkeiten dieser alten Heil- und Nutzpflanze. Aus dem Saft der eben ins Blühen gekommenen Spitzen der Hanfpflanze und einem gleichen Quantum Weingeist oder Kornbranntwein wurde eine Tinktur hergestellt. Davon nahm man täglich zweimal 5 bis 6 Tropfen auf Zucker oder in etwas Wasser gegen die oben genannten Leiden (Zimmerer [1896] 1987: 54). Most empfiehlt den Pflanzenextrakt als wirksames Mittel gegen Keuchhusten.

Der Auszug war um 1840 scheinbar «ein bekanntes, oft missbrauchtes Stimulans«, das in folgender Mischung eingenommen wurde: »Hanf-Extract, zwei Quentchen, Pomeranzenblüthwasser, sechs Unzen, Spanisch Pfeffer-Tinctur, ein halb Loth« (Most [1843] 1984, 255). Davon nimmt man ein bis zwei Stunden *ante actum*, das heißt vor dem Geschlechtsakt, ein bis zwei Esslöffel voll mit Wein.

Der Liebeswein bei den Moslems und Griechen

Im Orient diente mit Kräutern und psychoaktiven Substanzen angereicherter Wein der Förderung der Liebe. Für die Moslems ist die körperliche Liebe ein heiliger Akt, der Allah wohlgefällig ist. Liebe ohne körperliche Vereinigung ist für den Orientalen undenkbar, denn durch den Geschlechtsakt verschmelzen nach einer ins 9. Jahrhundert datierten Lehre des Sufismus Körper und Seele mit dem Göttlichen. Das bringt die aphrodisierenden Getränke des Morgenlandes in Einklang mit dem Koran. Der Koran hat zwar den Wein verboten, nicht aber die Erotik und die erotischen Reizmittel, zu denen dieser Trank gehört. Und wie immer in den Fällen, in denen sich göttliche Verlautbarungen widersprechen, war der sorgenlose Genuss des Weines letztlich eine Frage der geschickten Interpretation. Im Übrigen waren es sehr oft auch die Herrscher, einzelne Kalifen oder hohe Beamte, die sich schon im 7. und im 8. Jahrhundert mit Ausreden über das Verbot im Koran hinwegsetzten (Bürgel 1994: 64).

Wie der Liebeswein der Moslems hat auch der heilige Wein des Dionysos, des griechischen Gottes des Weines, der Berauschung und der Fruchtbarkeit, nur wenig gemein mit modernen Erzeugnissen. Der Götterwein schmeckte – bedingt durch die Fässer, in denen er gelagert wurde – nach Harz. Er wurde mit Kräutern aromatisiert und durch den Zusatz von halluzinogen wirkenden Pflanzen zu einer kräftigen Rauschdroge gemacht. Die »Blume des Weines«, von der die Kenner schwärmen, ist beim Wein des Dionysos wörtlich zu nehmen. Die Blüten der ihm zugesetzten psychoaktiven Pflanzen waren die Seele des göttlichen Tranks.

In seiner berauschenden Wirkung war dieser Wein so stark, dass ihm sogar der mächtige Zyklop, der einäugige Riese der griechischen Sage, erlag. Im Satyrspiel »Kyklops« lässt ihn der um 406 v. Chr. verstorbene griechische Tragiker Euripides sagen:

»Mir ist, als ob der Himmel, mit der Erde bunt
Gemischt, sich drehe, und den Thron des Zeus seh' ich
Vor mir, der Götter ganzen Glanz und Herrlichkeit.
Könnt' ich nicht küssen?«
(Zit. nach Rätsch und Müller-Ebeling 1989: 62)

Die Kräuterweine des Mittelalters

Aus dem arabischen und griechischen Raum kamen die Rezepte zur Herstellung der »unreinen« Weine zu uns, wo sie – allerdings ohne die berauschenden Zusätze – von den Apothekern gebraut und von den Ärzten zur Behebung von Verdauungsstörungen verabreicht wurden. Auch ohne die auf das Bewusstsein wirkenden Pflanzen sind die mit Kräutern versetzten Weine der Liebe förderlich, weil die in ihnen enthaltenen Gewürze der Trägheit der Verdauungsorgane entgegenwirken; denn Völlerei und die dadurch ausgelösten Leibesverstopfungen sind

Gern gesehen: Bacchus, der Gott des Weines und der Lebensfreude. Holzschnitt, um 1600.

bis heute die wichtigste Ursache fehlender Liebeslust und sexuellen Unvermögens.

Hinweise über die Zusammensetzung und den Gebrauch dieser Weine finden sich in großer Zahl in den Kräuterbüchern des 16. und 17. Jahrhunderts. So ist im 1544 in Frankfurt am Main verlegten »Confect Büchlin vnd Hausz Apoteck« des Walther Hermann Ryff neben vielen anderen auch ein Rezept für die Herstellung eines »köstlich lieblich gewürtzten weines« abgedruckt, der in den Kräuterbüchern dieser Zeit *Hypokras* genannt wird. Nach Ryff wird der Hypokras jenen verabreicht, die »lange nacht in üppigkeit und mutwillen [Geschlechtsverkehr] mit fressen, sauffen vnd anderen lastern zuebracht« haben (Ryff [1544] 1983: 112). Die Gewürze, die dem Trank beigemengt wurden, galten von jeher als wirksame Aphrodisiaka: Zimt, Ingwer, Galgant, Muskatblüte, Kubebenpfeffer, Kardamom und Zucker.

Um diesen Wein zu einem »Schlüssel des Paradieses« zu machen, fehlen allerdings auch in Ryffs Rezept jene Substanzen, von denen die Reisenden regelmäßig berichteten: Haschisch, Opium, Stechapfel und Bilsenkraut.

Über die narkotisch berauschende Wirkung dieser Pflanzen wusste man auch im Abendland sehr gut Bescheid. Und anders als heute war ihre Beschaffung bis in die neueste Zeit mehr oder minder problemlos. Bereits erwähnt haben wir, dass bis in die fünfziger Jahre des 20. Jahrhunderts der Schwedenbitter nicht ein Opiumsurrogat enthielt, wie das heute der Fall ist, sondern echtes Opium (Seite 62). Aus den Blättern des Stechapfels *(Datura stramonium* L.) stellte man Zigaretten her, die, in kleinen Mengen geraucht, bei asthmatischen Anfällen Linderung verschafften. Und noch vor etwa zehn Jahren war im Handel ein Hustensaft erhältlich, zu dessen Bestandteilen auch ein aus der Tollkirsche *(Atropa belladonna* L.) gewonnener Extrakt gehörte.

Confect Büchlin/
vnd Hauß Apoteck.
Kunſtlich zu Bereyten/Einmachen/vnd recht gebrauchen/ mancherhandt nutzbare Confect/ Latwergen/ Conſerva oder Conditen/Sirop/Julep/vnd andre künſtliche getränck/zum luſt vñ noturfft/Sampt notwendigen ſtücken auſſerhalb leibs zebrauchen/als Öl/ pflaſter/Salben/Bäder/Behungen ꝛc. Item was zu gůttem Geruch vnd lieblichem Geräuch dienet/als Pom Ambre/Biſam ſäcklin/wolriechende puluer/ vnnd Seyffen küglin. Aqua uitæ, vnnd ander bewerte Krafft waſſer. Alles ſo diſer geſtalt dem gemeynen man zu täglicher noturfft dienlich vnnd nütz/gnůgſame vnd treuliche vnderrichtung.
Dabei kurtze Erklerung ieder Maß/Zal/ Gewicht/vnd aller einfachen ſtück/vonn Kreuttern/Wurtzeln/ Blůmen/Samen/Frücht/ Gethier/vnnd Geſteyn/zu der Artzney dienlich vnnd zebrauchen. New ann tag geben/ Durch
Gualtherum H. Ryff, Argent. Medicum.
Mit Keyſerlichen Gnaden vnd Priuilegio.
Zu Franckfort/Bei Chriſtian Egenolff.

Rezeptbuch für Profis: Titelblatt des »Confect-Büchlins« von 1544.

Heilender Rauch: Mit Stechapfelblättern versetzte Zigaretten. Aufschluss über die Anwendung gibt die beiliegende Gebrauchsanweisung.

Cigaretten gegen Engbrüstigkeit
und die verschiedenen Krank-
: heiten der Atmungsorgane :
Gebrauchs-Anweisung:
zu rauchen.

Asthma

Unter Asthma (meist Bronchialasthma) versteht man anfallsweise auftretende Atemnot und Kurzatmigkeit. Kennzeichen sind rasche Atemzüge, verlängerte Ausatmung und hochgradige Atemnot. »Er hat den Schnaufer« oder »er schnauft sich hart«, sagte man im Schwäbischen von jemandem, der unter Asthma litt. Da ein Anfall wie beim Albdruck zu Atemnot führt, glaubte man, Asthma werde von einer Hexe verursacht, die sich auf die Brust lege und dem Kranken »den Schnauf abdrücke« (Bächtold-Stäubli 1987: 1, 629).

Um die Leiden zu lindern, empfiehlt Schramms *Praktische Volksheilkunde* verschiedene Räucherungen mit Nachtschattengewächsen: »Während des Anfalles zündet man Substanzen an, welche einen starken Rauch entwickeln. Zum Beispiel Salpeterpapier, die Blätter des Stechapfels u. a. Das Asthmaräucherpulver hat folgende Zusammensetzung: Hanfblätter, Stechapfel, Tollkirsche, Lobelia und Salpeter.

Anwendung: Ein Teelöffel voll Räucherpulver wird kegelförmig auf eine Blechunterlage aufgehäuft, an der Spitze angezündet, worauf es weiter glimmt. Es entwickelt sich ein balsamischer Rauch, den man zweckmäßig aus einiger Entfernung mittels eines Papiertrichters einatmet. Es ist unbedingt nötig, tief einzuatmen und den Rauch in der Lunge einige Zeit zu lassen« (Schramm o. J.: 134).

Im gleichen Volksarzneibuch werden als Heilmittel erwähnt: *Exubards Abessinisches Räucherpulver, Exubards Abessinische Zigaretten* und *Exubards Abessinische Tabakblätter.* Im Rezeptteil findet sich zudem die folgende Räuchermischung: Tabak 20 g, Stechapfelkraut 10 g, Salbeiblätter 10 g. Die Mischung wird aus kleinen Pfeifen geraucht (Schramm o. J.: 344).

Bis vor wenigen Jahrzehnten waren im Handel auch kommerziell hergestellte »Cigaretten gegen Engbrüstigkeit« erhältlich. Gemäß einer noch erhaltenen Gebrauchsanweisung wurden diese Zigaretten nicht nur bei Asthmabeschwerden empfohlen, sondern auch als wirksames Linderungsmittel bei nervösem Husten, Schnupfen, Lungenschwindsucht, Heiserkeit und Schlaflosigkeit (Abb. Seite 71).

Um 1900 war in den Apotheken eine Mischung von Asthmakräutern erhältlich, die wie folgt zubereitet wurde: »Dreiundsechzig Teile fein zerschnittene Stechapfelblätter, zwölf Teile fein zerschnittenes Lobelienkraut werden mit einer Lösung von fünfundzwanzig Teilen Salpeter in fünfzig Teilen Wasser gleichmäßig durchfeuchtet, dann bei etwa 40 Grad gut ausgetrocknet. Hierauf setzt man den Kräutern auf je 100 g vier Tropfen Lavendelöl zu, möglichst gleichmäßig das Öl untermischend« *(Vorschriften zur Selbstbereitung Pharmazeutischer Spezialitäten*, herausgegeben vom Deutschen Apotheker-Verein, Sobernheim 1903).

Wir wissen nicht, ob in Baudelaires »Wein der Liebenden« ein gewöhnlicher Wein oder ein Gewürzwein mit einem oder mehreren der oben erwähnten berauschenden Zusätzen besungen wird. Was wir jedoch wissen, ist, dass viele Apotheken bis heute aromatisch-bittere Arzneiweine im Angebot haben, die mit Ausnahme der berauschenden Zusätze den griechischen und orientalischen Liebesweinen ziemlich ähnlich sind. So enthält zum Beispiel der tonische Wein, der in Luzern von der Alten Suidterschen Apotheke angeboten wird, unter anderem auch Brechnusstinktur und Chinarindenextrakt.[18] Daneben finden sich auch in den Kochbüchern des 19. und 20. Jahrhunderts eine ganze Reihe von Rezepten für die Zubereitung von Kräuterweinen, die ihren Ursprung im Orient haben.

Hypokras

Einer dieser Gewürzweine ist der Hypokras, der nach dem um 460 v. Chr. geborenen griechischen Arzt Hippokrates benannt wurde.

In der Zentralschweiz wird er wie folgt zubereitet:

»1 l [Liter] kräftiger Rotwein
7 g gemahlener Zimt
7 g Muskatnuss
3 Gewürznelken
300 g feiner Zucker«
(Oberli 1978: 141)

Man fügt dem Rotwein – am besten eignen sich schwere Importweine – die gemahlenen Gewürze bei, stellt die Flasche für zehn Tage an einen warmen Ort und schüttelt die Mischung mindestens einmal täglich kräftig durch. Dann wird der Zucker im Gewürzwein aufgelöst und das Ganze filtriert.

Der Hypokras gehörte seit jeher auch zur Ess- und Trinkkultur der Stadt Basel, wo der Gebrauch gewürzter Weine sehr weit zurückreicht. So werden bereits in einer um 1180 erlassenen bischöflichen Speiseordnung gewürzte Weine *(pigmentum)* aufgeführt. Besonders die Stadtväter haben dem gewürzten Wein offenbar reichlich zugesprochen; in einem Dokument von 1513 ist die Rede davon, dass sie gleich zwei Kannen *Upikraz* auffahren ließen.

18 Mitgeteilt von Dr. Bibiana Longauer, Alte Suidtersche Apotheke, Luzern.

Aus einer Verordnung des frühen 16. Jahrhunderts geht hervor, dass der Vertrieb von Hypokras in Basel den Gewürzkrämern vorbehalten war (vgl. MOREL 1992). Nur sie verfügten über die Zutaten, die nach einem Rezept von 1576 nebst Rotwein darin enthalten waren. In einer Anleitung heißt es: »Nim Zimmet, Imber, Negelin, Galgenwurtz, Muscatbluest, Muscatnuss, Parisskörner, Cardomuemlin, Coriander, Aeniss, Zucker, Roten Wein, Mandel Milch. Stoß was zuestoßen ist, misch alles durch einander, schütt es offtdurch den Hippocrass Sack« (zit. nach dem Faltblatt »Die Geschichte des Hypokras«, herausgegeben vom Läckerli-Huus, Basel). Nach einem alten Basler Rezeptbuch wird das beliebte Neujahrsgetränk wie folgt hergestellt:

Zutaten: 2,5 Liter Weißwein, 7,5 Liter Rotwein (die Weine dürfen keinen zu starken Eigengeschmack haben), 1,5 kg Zucker, 4 g Muskatblüte, 4 g Nelken, 8 g Zimtstengel, 1 kleine Prise Kardamom.

Zur Herstellung nimmt man 1,5 Liter Weißwein, dem man die in ein Leinensäcklein eingebundenen Gewürze beigibt. Dazu schüttet man den Zucker und lässt die Mischung drei Mal kurz aufwallen. Den Sud stellt man anschließend für vier Tage an einen kühlen Ort. Danach wird er in einer großen Bauchflasche mit dem restlichen Wein vermengt und auf Flaschen gezogen. (Einblattdruck ohne Quellenangabe)

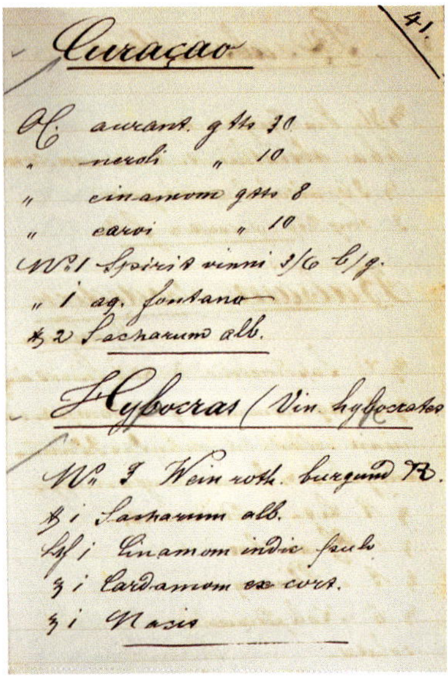

Curaçao

Hypocras (Vin hypocrates

Familienerbe: handschriftliches Rezept für die Herstellung von Hypokras, um 1880.

Ein weiteres Rezept finden wir in »Die junge Köchin. Lehrbuch für Koch- und Haushaltungs-Schulen« von Sophie WERMUTH (Basel 1908: 325). In diesem Kochbuch wird der Hypokras, dessen Rezept wir nachfolgend wiedergeben, als Dessertwein bezeichnet:
»10–15 Gramm gebrochener Ceylonzimmt, 8–10 Gewürznelken, 1 Gramm Muskatblüte und die möglichst dünn geschälte Schale von 1 kleinen Zitrone werden zusammen in ein weißes Läppchen gebunden, mit 500 Gramm Zucker und ¼ Liter Weißwein zum Kochen gebracht, sofort in einen Topf angerichtet und, wenn völlig erkaltet, in 5 Liter guten Rotwein, wozu sich am besten Roussillon-, Veltliner-, Ungar- oder Tyrolerwein eignet, gegossen, alles in eine große Strohflasche gefüllt, 8 Tage in einem temperierten Raume stehen gelassen, nach Belieben in Flaschen abgezogen und verwendet.«

Der Verweis auf die Verwendung des Hypokras als Dessertwein bestätigt seine Rolle als verdauungsförderndes Mittel. Im bereits erwähnten »Confect Büchlin vnd Hausz Apoteck« des Walther Hermann Ryff (Frankfurt am Main 1544) wird dieser Gewürzwein als »ein köstlich lieblich getranck vnd gewürtzten wein (...) Hippocras« bezeichnet. Der Verfasser beklagt sich allerdings, dass dieser Wein »nit alleyn für mancherley feel vnd gebrechen des leibes« getrunken, »sonder auch zu wollust herzlicher fürsten bancketen / da sollich edel getränck mehr zu einem pracht vnd überfluss / wann zu erhaltung der gesundtheyt vnnützlich verschwendet vnd vergeudet« wird (Ryff [1544] 1983: 111).

Nach dem »Confect Büchlin vnd Hausz Apoteck« wird der Hypokras ähnlich wie im Rezept von Sophie Wermuth zubereitet, nur lässt man die Zitronenschale weg und nimmt zusätzlich zu den bereits genannten Gewürzen Ingwer, Galgant, Kubebenpfeffer und Kardamom. Nach Ryff erwärmt der Hypokras »den erkalte[te]n magen / bringt wider lust zu der speiss / sterckt vnd bekrefftigt die dawung [Verdauung]« (Ryff [1544] 1983: 111).

Eine besorgte Gattin. Erotische Jugendstil-Illustration des »Simplizissimus«-Zeichners Ferdinand Freiherr von Reznicek.
Aus »Unter vier Augen«, München, 1908.

So erweist sich dieser Trank als ein der Verdauung förderlicher und nach durchzechten Nächten die Lebensgeister weckender, aphrodisierender Gewürzwein. Denn auch Georg Friedrich Most bezeichnet in seiner 1843 erschienenen »Encyklopädie der Volksmedizin« das übermäßige Essen und den exzessiven Branntweingenuss als die wichtigsten Gründe für Lethargie und sexuelles Unvermögen. Als wirksamstes Mittel, die Manneskraft zu erhalten oder wiederherzustellen, empfiehlt er einfache Kost, kaltes Wasser und viel Bewegung im Freien (Most [1843] 1973: 21).

Der Hypokras der Distillerie Studer & Co. AG

In diese alten Traditionen fügt sich nahtlos der Hypokras aus dem Hause der Distillerie Studer & Co. AG, Escholzmatt ein. Die genaue Zusammensetzung des Tranks ist ein Geheimnis. Verraten sei nur, dass die Mischung auf einem handgeschriebenen Rezept basiert, das sich im Besitz der Nachfahren des Firmengründers befindet. Wie im Originalrezept fehlen aber auch hier die berauschenden Zusätze. Umso belebender wirken jedoch die Gewürze. Sie regen den Appetit und die Verdauung an und machen auf diese Weise den Hypokras zu einem aphrodisierenden und erst noch wohlschmeckenden Getränk.

Das nachfolgende Rezept aus dem 18. Jahrhundert, in dem die ursprüngliche französische Schreibweise und die alten Maßangaben beibehalten wurden, beschreibt die Herstellung eines Konzentrats, aus dem man nach Bedarf Hypokras zubereiten konnte.

«Prenez une once de canelle, un peu plus de demie once de cloux de gerofle, & sur la pointe d'un couteau de la poudre d'ambre & musc. Mettez le tout dans une bouteille de verre contenant environ demi septier. Emplissez-la à peu près d'esprit de vin, ou de la meilleure eau-de-vie, puis la bouchez de maniere que rien ne s'évapore. Ensuites faites infuser le tout sur les cendres chaudes pendant sept ou huit jours; & lorsqu'il aura frayé des deux tiers ou aprochant, conservez soigneusement ce qui vous restera, quand on en voudra faire de l'hypocras, on fera fondre une demie livre de sucre dans une pinte de bon vin, mesure de Paris, & quand le sucre sera fondu entierement, faites tomber une goutte ou deux de votre essence dans une bouteille, dans laquelle vous verserez aussi-tôt le vin avec le sucre fondu & passez par la chauffe. Puis bouchez la bouteille, & l'hypocras sera fait.« (Aus: *»Secrets concernans les Arts et Metiers«*, Avignon 1751, S. 357.)

Verführerisch süß: nach Originalrezepten hergestellter Hypokras. Bild Distillerie Studer & Co. AG., Escholzmatt (Luzern).

Das heißt zusammengefasst: Eine Unze Zimt (1 Unze = 28,82 g), etwas mehr als eine halbe Unze Nelken sowie je eine Messerspitze Ambra und Muskat werden in eine Flasche mit Weingeist gegeben. Die Mischung wird etwa sieben oder acht Tage stehen gelassen. Danach werden die Gewürze herausgenommen. Der verbleibende Rest wird sorgfältig gelagert. Zur Herstellung eines Hypokras gibt man davon einen Schluck oder zwei in eine bereitgestellte Flasche. Nun erwärmt man einen guten Wein und löst darin Zucker auf, bis er die gewünschte Süße erreicht hat. Nach dem Erkalten gießt man die Wein-Zucker-Mischung in die bereitgestellte Flasche mit dem Weingeist. Der Hypokras kann jetzt genossen werden.

Das Beispiel zeigt, dass fast alle genannten Mixturen Variationen ein und desselben Grundrezepts sind, zu dem Wein, Zucker und verschiedene Gewürze gehören.

Wie sehr sich die Zusammensetzungen voneinander unterscheiden, zeigt das Rezept zur Herstellung von »Hippokrat's Kräuterwein für Brustkranke« in Georg Friedrich Mosts »Encyklopädie der Volksmedicin« von 1843. Als Zutaten werden hier erwähnt: Ysop, Andorn, Minze, Alantwurzel, Süßholz, Feigen und Korinthen. Die Substanzen werden in Wein eingelegt. Dazu gibt man nach Belieben Zucker (Most [1843] 1984: 631).

Nicht mit Zucker, sondern mit eingekochtem Most gesüßt werden viele Süßweine aus Italien, Spanien und Portugal. Vom Hypokras unterscheiden sie sich vor allem durch ihren hohen Alkoholgehalt (rund 19 Volumenprozent) und durch die fehlenden Gewürze.

Marsala und andere Süßweine

Wie Hypokras ist auch Marsala eine Spezialität, die sich von den übrigen Weinen in vielfacher Hinsicht unterscheidet. Der aus Sizilien stammende Marsala ist denn auch kein Tafelgetränk, sondern ein Süßwein, der entweder vor oder

nach dem Essen oder dann als *vino di meditazione* zwischen den Mahlzeiten getrunken wird.

In Sizilien wird gesüßter Wein seit Jahrhunderten hergestellt. Aber erst 1773 wurde Marsala vom englischen Weinhändler John Woodhouse «entdeckt« und über die Grenzen der Insel hinaus bekannt gemacht. Mit seinen Brüdern gründete Woodhouse in Sizilien ein Unternehmen, das diese Spezialität fortan in großen Mengen nach England, Amerika und Australien exportierte. 1833 stiegen der Unternehmer Vincenzo Florio und sein Sohn ins Marsala-Geschäft ein. Bis heute ist die noch immer existierende Kellerei führend in der Herstellung und im Export von hochwertigem Marsala. Um 1900 teilen sich den Markt bereits rund fünfzig Unternehmen. Ein Dekret von 1931 legte schließlich fest, dass nur jene Produkte unter der Bezeichnung Marsala angeboten werden dürfen, die aus der Provinz Trapani (mit Ausnahme der Gemeinde Alcamo und der Inseln Pantelleria, Favignana, Levanzo und Marittimo) stammen.

»Vino Marsala«: Der Süßwein aus Sizilien gilt nach den Volksarzneibüchern des 19. Jahrhunderts als wirkungsvolles Stärkungsmittel.

Zur Herstellung der Sorten »Gold« und »Ambra« werden Weine aus den Traubensorten Grillo, Cararatto und Inzolia verwendet; für den dunkelroten *Marsala Rubino* sind es Pignatello, Nero d'Avola, Nerello und Mascalese. Die für die Produktion von Marsala verwendeten Weine müssen einen natürlichen Alkoholgehalt von mindestens 12 Volumenprozent haben.

Bei der Herstellung von Marsala werden die Weine – von einigen Ausnahmen abgesehen – mit gekochtem Süßmost *(mosto cotto)* vermischt, der ihnen je nach Anteil die gewünschte Süße verleiht. Damit das Ganze nicht in Gärung übergeht, wird dem Gemisch reiner Weinbrand zugegeben. Damit wird gleichzeitig der für Marsala charakteristische Alkoholgehalt von bis zu 19 Volumenprozent erreicht.

Handelsbezeichnungen von Marsala

Marsala Fine: Mindest-Alkoholgehalt 17 Volumenprozent. Minimale Lagerdauer ein Jahr. Bei Marsala vom Typ Ambra wird mindestens 1 Prozent eingedickter Süßmost zugesetzt. Die Sorten Gold und Rubino werden ohne Zusatz von Most hergestellt.

Marsala Superiore: Mindest-Alkoholgehalt 18 Volumenprozent. Minimale Lagerdauer zwei Jahre. Bei Marsala vom Typ Ambra wird mindestens 1 Prozent eingedickter Süßmost zugesetzt. Die Sorten Gold und Rubino werden ohne Zusatz von Most hergestellt.

Marsala Superiore Riserva: Mindest-Alkoholgehalt 18 Volumenprozent. Minimale Lagerdauer vier Jahre. Bei Marsala vom Typ Ambra wird mindestens 1 Prozent eingedickter Süßmost zugesetzt. Die Typen Gold und Rubino werden wiederum ohne Zusatz von Süßmost hergestellt.

Marsala Vergine Soleras: Mindest-Alkoholgehalt 18 Volumenprozent. Minimale Lagerdauer fünf Jahre. Bei dieser Sorte wird ausschließlich Weinbrand oder reiner Alkohol zugegeben.

Marsala Vergine Stravecchio, Marsala Soleras Stravecchio, Marsala Vergine Riserva, Marsala Soleras Riserva: Mindest-Alkoholgehalt jeweils 18 Volumenprozent. Minimale Lagerdauer zehn Jahre. Bei allen Sorten wird ausschließlich Weinbrand oder reiner Alkohol beigemischt.

Auf den Flaschen wird der Zuckergehalt durch die Bezeichnungen »secco« (trocken), »semisecco« (halbtrocken) und »dolce« (süß) deklariert.

(Nach: Luigi SALVO: *Il Marsala vino del sole*, www.tigulliovino.it, Ausgabe vom 15.8.03.)

Wie Portwein, Malaga und Sherry ist Marsala ein vielseitig verwendbares Stärkungsgetränk, das besonders in den Volksarzneibüchern des 19. Jahrhunderts bei verschiedenen Gebrechen empfohlen wird. Auch Georg Friedrich MOST rechnet in seiner »Encyklopädie der Volksmedicin« die schweren Süßweine zu den Arzneimitteln: »Zum ärztlichen Gebrauche dienen besonders die feinen Bordeauxweine; bei Hypochondristen, mit Magenschwäche, Flatulenz, bei chronischem Schleimhusten, bei Keuchhusten, Darrsucht der Kinder und Greise sind die süßen spanischen und italienischen Weine: Madeira, Malaga, Xeres, Frontignac, Pedro Ximenes, Tinto u.s.w. vorzuziehen« (MOST [1843] 1984: 628).

Nach Most sind Süßweine ein »belebendes, erquickendes Mittel (Analepticum) bei sensiblen, schwachen, nicht vollsaftigen Frauenzimmern, wenn sie nach einer schweren Geburt, nach übermäßiger Körper- und Geistesanstrengung (...) in Schwäche, Ermattung und Ohnmachten versinken« (Most [1843] 1984: 629).

Kräftigende Speisen

Männern mit schwacher körperlicher Konstitution empfiehlt Most neben Süßweinen auch kräftigende tierische Nahrung, wie die reichlich mit Gemüse und Gewürzen angereicherte Hamburger Aalsuppe oder die Schildkrötensuppe. Die aus England stammende Schildkrötensuppe besteht aus einer kräftigen Fleischbrühe, Madeirawein, Branntwein, spanischem und schwarzem Pfeffer, Gewürznelken, Eidottern sowie dem Fett und dem Fleisch der grünen Seeschildkröte. Anstelle von Schildkrötenfleisch nahm man früher als günstigere Variante Kalbskopf, der die gleiche stärkende Wirkung hat.

Daraus entstand die falsche Schildkrötensuppe, die man nach einem Rezept von 1908 wie folgt zubereitet:

»Für 6 Personen rechnet man ½–¾ Kilogramm gut gereinigten und blanchierten Kalbskopf und 100 Gramm mageren rohen Schinken. Das Fleisch wird in 2 Liter guter Knochenbrühe mit der gewöhnlichen Suppengarnitur weich gekocht, dann das Kopfstück zwischen 2 Brettchen gegeben, gepresst und so erkalten gelassen, nachher samt dem Schinken in 1 Centimeter große Würfelein geschnitten und später in die fertiggekochte Suppe gegeben. Inzwischen werden in 50 Gramm frischer Butter 50–60 Gramm Mehl hübsch braun geröstet, 1 Liter gute Fleischbrühe, samt obiger Brühe zugegossen, wenn vorrätig etwas Jus beigegeben und die Suppe 1 Stunde gekocht und vor dem Anrichten 1 Deziliter Madeira und 1 Messerspitze Cayennepfeffer zugefügt« (Wermuth 1908: 27).

Währschaft: Auch diese Metzgergesellen aus Thun, Kanton Bern, schätzen die belebende Kraft schwerer Süßweine. Postkarte vom 6. November 1919.

Überhaupt wirken nahrhafte und mit Kräutern und aphrodisierendem Gemüse gewürzte Speisen stimulierend, so etwa ungarisches Gulasch oder die kalte spanische Suppe *Gazpacho* (nach Most ein Gericht aus Weißbrot, Knoblauch, Oliven, Salz und spanischem Pfeffer). Aus demselben Grund wird auch die Aalsuppe der Hamburger, die unter anderem Petersilie, Sellerie, Karotten, Lauch, Pfeffer, Dill, Bohnenkraut, Thymian und Kerbel enthält, zu den Aphrodisiaka gerechnet (Most [1843] 1984: 21). Sie ist ein währschaftes Gericht, das, so vermuten einige Experten, ursprünglich gar keinen Aal enthielt. Den Namen habe die Suppe vielmehr vom *Aalkraut* (Bohnenkraut), mit dem sie nach einigen Rezepten besonders reichlich gewürzt wird. Andere behaupten, die Suppe heiße so, weil in ihr »aal's bin' ist« (das heißt, alles drin ist). Einig ist man sich indes, dass die Aalsuppe seit einem im 18. Jahrhundert erfolgten Senatserlass immer ein Stückchen Aal enthalten muss. Um des Friedens willen halten sich die Wirte auch heute an die Regel, schon deshalb, weil sich sonst Nichthamburger geneppt fühlen, wenn in ihrer Aalsuppe gar kein Aal drin ist.

Fast ist man versucht, der beigegebenen Gewürze wegen, auch den *Pfälzer Saumagen* zu den das Geschlechtsleben stärkenden Gerichten zu zählen. Bekannt geworden ist die in der Pfalz beheimatete Spezialität durch alt Bundeskanzler Helmut Kohl, der sie ausländischen Gästen wie Margaret Thatcher, Michail Gorbatschow und François Mitterand vorzusetzen pflegte. Der Magen selbst wird allerdings nur selten gegessen, und er enthält auch nicht den letzten Mageninhalt des geschlachteten Tieres. Er dient vielmehr, wie die Därme bei den Würsten, als Hülle, die mit einer Fleisch-Kartoffel-Mischung gefüllt wird. Die Mischung besteht aus Schweinefleisch, Rindfleisch und Pellkartoffeln (in der Schweiz *Gschwellti* genannt). Dazu kommen meist Eier und Karotten. Gewürzt wird das Ganze mit Zwiebeln, Majoran, Muskat und Pfeffer. Einige Rezepte verlangen auch – in wechselnden Kombinationen – die Zugabe von gemahlenen Nelken, Koriander, Thymian, Knoblauch, gemahlenen Lorbeerblättern, Kardamom, Basilikum, Kümmel, Piment und Petersilie.

Most empfiehlt, zu Gerichten wie diesem täglich eine halbe bis eine ganze Flasche Wein zu trinken. Gleichzeitig warnt er jedoch vor dem übermäßigen Genuss von Alkoholika: «Nichts in der Welt führt aber so schnell und so früh Impotenz herbei, als der unmäßige tägliche Genuss der Spirituosa, besonders des Branntweins, Rums, Arraks, Cognacs und sonstiger gebrannten Wasser. Weniger schädlich ist der Wein; dennoch führt auch er, zumal wenn schwere Weine: Madeira, Portwein, Teneriffa in Menge getrunken werden, oft schnell zur Impotenz« (Most [1843] 1984: 19).

Fazit: Besonders bei den Spirituosen gilt, dass es allein von der Menge abhängt, ob ein Genussmittel dem Menschen schadet oder ihm nützt.

Gewürze als Stimulans bei beginnender Impotenz

Ein wirksames Stimulans lernte Georg Friedrich Most bei einem Engländer kennen. Zwei Stunden *ante actum* (vor dem Geschlechtsverkehr) verzehrte der Brite vier bis acht Eier. Dazu nahm er folgendes Gewürzpulver: Je ein Teil Zimt, Muskatnuss und spanischer Pfeffer werden mit eineinhalb Teilen Ingwerpulver, etwas reifen Zwiebelsamen und einem Teil Zucker gemischt. Zwei Teelöffel dieser Mischung werden auf die vier bzw. acht Eier verteilt[19] (Most [1843] 1984: 22).

Schutz vor Krankheit und Seuchen

Besonders genützt haben den Menschen die gewürzten Weine bei Krankheiten und Seuchen. Vorab bei der Cholera wirkten alkoholische Getränke vorbeugend. Nach Most vertrieb in mehreren Fällen eine Flasche trockener Madeira, aufs Mal getrunken und nach dem oben Gesagten vielleicht mit einer vorübergehenden Impotenz bezahlt, die orientalische Brechruhr, besser bekannt unter dem Namen *Cholera* (Most [1843] 1984: 630). In Glasgow, England, heilte man den dort oft auftretenden ansteckenden Typhus mit Portwein. Eine Zeitlang war es sogar Sitte, dass in den Hospitälern jeder Typhuskranke neben sich eine Flasche schweren Portwein stehen hatte. Schon manchem an der Cholera Erkrankten hat auch der Champagner das Leben gerettet, vielleicht deshalb, weil durch die im Champagner enthaltene Säure im Magen ein für Cholerabakterien ungünstiges Klima geschaffen wird.

Überhaupt sind alkoholische Getränke, besonders wenn sie wie der Hypokras oder die Innerschweizer Liebestränke mit Gewürzen versetzt sind, nicht nur bekannte Heilmittel bei Darmträgheit und der damit verbundenen sexuellen Unlust, sondern auch vorzügliche Schutzmittel gegen Seuchen. Dazu einige Beispiele: Anlässlich der Choleraepidemie von 1832 empfahlen die Gesundheitsbehörden von Rostock ihren Bürgern, zur Vorbeugung auf jegliche Form von Alkohol zu verzichten. Im Nachhinein machten sie die ernüchternde Erfahrung, dass die Todesfallquote unter jenen Bürgern, die den Ratschlägen der Obrigkeit folgten, überdurchschnittlich groß war, während die notorischen Säufer, die sich damals wie heute wenig um die behördlichen

19 Anstelle von Ingwerpulver kann auch frischer (geschabter) Ingwer verwendet werden. Schmackhafter als Zucker ist Salz.

Schutz gegen die Cholera: Die von der Eidgenössischen Ärztekommission herausgegebene Schrift enthält Maßnahmen gegen die Verbreitung der Cholera.

Empfehlungen scherten, von natürlichen Abgängen abgesehen, allesamt am Leben blieben. Andere, die in ihrem bisherigen Leben abstinent gewesen waren, griffen bei den ersten Anzeichen der Krankheit aus schierer Verzweiflung zur Flasche. »Einzelne solcher Cholerakranken«, schreibt MOST, »welche eine halbe bis eine Flasche Rum oder Branntwein binnen ein bis zwei Stunden entleert hatten, fand ich, obgleich sie in gesunden Tagen nicht ein Viertel des Quantums hätten vertragen können, merkwürdiger Weise ganz nüchtern und in der Besserung; denn thierische Wärme und Blutumlauf hatten sich wieder eingestellt, und es bedurfte nur geringer Nachhülfe, um sie schnell völlig wieder gesund zu machen« (MOST [1843] 1984: 100).[20]

Opium, Kampfer und Anisöl, die in Liebestränken eine wichtige Rolle spielen, sind auch die Hauptbestandteile der *Choleratropfen*. In einem Volksarzneibuch aus der Zeit um 1900 heißt es[21]: »Von den Arzneimitteln empfehlen

20 Die fehlende Trunkenheit steht wohl in Zusammenhang mit dem Krankheitsbild der Cholera. Der durch den Cholerabazillus verursachte große Flüssigkeitsverlust führte dazu, dass der Branntwein den von ihm desinfizierten Magen wieder verließ, bevor der Alkohol ins Blut übergehen konnte.

21 Praktischer Hausschatz der Heilkunde, Cöthen: Verlag Paul Dünnhaupt o. J.:877. Eine Ausgabe befindet sich im Besitz des Verfassers

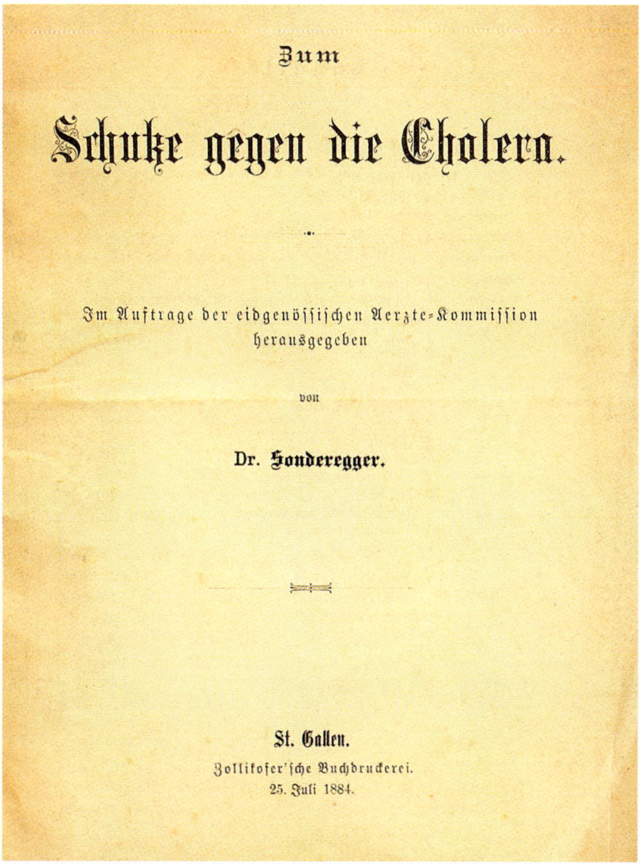

Zum

Schutze gegen die Cholera.

Im Auftrage der eidgenössischen Aerzte-Kommission herausgegeben

von

Dr. Sonderegger.

St. Gallen.

Zollikofer'sche Buchdruckerei.

25. Juli 1884.

sich in heftigen, hartnäckigen Fällen Opiumpräparate in Verbindung mit Kalomel, Salzsäure oder ätherischen Tinkturen. Auf diese Weise sind auch die vielfachen Choleratropfen zusammengesetzt.«

Ein Rezept dafür findet sich in der »Pharmacopoea Helvetica«.[22] Für die Herstellung einer benzoesäurehaltigen Opiumtinktur benötigt man:

Extractum Opii	2,5 Teile
Acidum benzoicum e resina	5,0 Teile
Spiritus camphoratus	50,0 Teile
Oleum Anisi	5,0 Teile
Spiritus	500,0 Teile
Aqua	437,5 Teile

Die 2,5 Teile Opiumtrockenextrakt werden in 437,5 Teilen Wasser gelöst und zu der Lösung von 5 Teilen Harzbenzoesäure in der Mischung von 5 Teilen Anisöl, 50 Teilen Kampfergeist und 500 Teilen Weingeist zugemischt. Daraus ergibt sich eine hellbräunlich gelbe, nach Anisöl und Kampfer riechende, süßlich gewürzhaft schmeckende Flüssigkeit.

Die Kombination von Kampfer und Opium als Heilmittel bei Cholera ist nicht neu. Sie ist zusammen mit dem Aderlass bereits 1817 von den englischen Ärzten in Indien angewandt worden. Einer dieser Ärzte, James Annesly, beschreibt das Vorgehen wie folgt: »Wenn z. B. ein Kranker um Mittag in das Hospital aufgenommen wurde, an welchem sich alle Symptome der Cholera zeigten, so wurde sogleich eine Venäsection angestellt und eine Pille aus Calomel [= Quecksilberchlorür] gr. xx [20] und Opii gr. jj [2] gegeben, welche mit der Camphormixtur hinuntergeschluckt wurde« (nach DORRMANN 1995: 227).

Die Zugabe von Säure zur Opiumtinktur im Rezept erklärt sich aus dem Umstand, dass die Salzsäure des Magens eine natürliche Abwehrschranke bildet. Ein Großteil der säureempfindlichen Cholerabakterien wird durch sie abgetötet. Die aufgenommene Erregermenge muss

22 Pharmacopoea Helvetica, Editio Quinta, deutsche Ausgabe: Bern 1933: 972.
22 Zu den Maßangaben siehe Seite 111.

Noch immer erhältlich. Mit Chinarinde angereicherten Weinen traute man zu, den Verlauf der Cholera günstig zu beeinflussen. Kraftwein aus der Suidterschen Apotheke in Luzern.

Choleratropfen: Flasche aus braunem Glas mit eingetrockneter bräunlicher Substanz, die möglicherweise Opium enthält. Luzern, um 1890/1900.

Choleratropfen.
20 Gr. c.v. Fr.1.-
H. D. Tissots
Hausarzneybuch
Der
Haus-Arzt.
Die Heilmittel

daher relativ hoch sein, damit es überhaupt zu einem Ausbruch der Krankheit kommt. Bei einem geringeren Säuregrad des Magens ist die Barriere naturgemäß tiefer. Dementsprechend braucht es eine kleinere Zahl von Erregern.

Die Cholerabazillen, welche die Säurebarriere des Magens überwinden und den Dünndarm erreichen, finden wegen des dort herrschenden alkalischen Milieus (hoher pH-Wert) gute Wachstumsbedingungen vor. Das durch sie produzierte Gift führt zum Ausbruch des Durchfalls und den damit verbundenen Wasserverlust.

Als Heilmittel bei Cholera haben aus Kampfer hergestellte Tinkturen auch in der Volksmedizin Einzug gehalten. Im Kampf gegen die Seuche scheint Kampfer das herausragendste Heilmittel gewesen zu sein. In einem 1843 in Luzern verlegten Volksarzneibuch wird das Harz als einzig wirkendes Mittel bei Cholera angepriesen.

Kampfer *(Cinnamomum camphora)*

Kampfer ist das aus dem Holz und den Blättern des Kampferbaumes oder des Kampferlorbeers gewonnene Harz. Nach der hl. Hildegard von Bingen dämpft Kampfer die sexuelle Triebhaftigkeit. Mannstollen Frauen empfiehlt sie, Kampfer mit etwas Alraunen-Wurzel zu pulverisieren und das Gemisch einzunehmen (Rätsch, Fröhlichkeitspillen 1990: 61 und dort zitierte Literatur).

Ein Säcklein mit Kampfer um den Hals getragen schützt nach Johann Staricius (1706) gegen die Pest (Bächtold-Stäubli 1987: 4: 958). Gegen das Reißen nahm man im Voigtland einen stark riechenden Stoff (Wuttke vermutet Kampfer). Man wickelte ihn in ein mit einer Zauberformel beschriebenes Papier und trug das Ganze auf der Brust (Wuttke 1925: 356). Im Ersten Weltkrieg hatten viele Soldaten Säckchen mit Kampfer bei sich. Das sollte sie bei Seuchengefahr vor Ansteckung schützen (Jungbauer 1934: 51). Aus Kampfer hergestellte Mottenkugeln waren noch vor wenigen Jahrzehnten in fast jedem Haushalt vorhanden.

Den weitverbreiteten Glauben an die heilsame Wirkung alkoholischer Getränke machten sich verschiedene Likörhersteller zunutze. Ein französischer Produzent ließ während der Choleraepidemie in Paris Etiketten mit der Aufschrift »Liqueur pour le Choléra – Tisane contre le Choléra« drucken. Darauf ist eine Szene aus einem großbürgerlichen Haushalt dargestellt. Dem abgebildeten Pärchen scheint es bereits ziemlich schlecht zu gehen, als ein junger Mann hinzutritt und sie auf den rettenden Likör hinweist (nach Dorrmann 1995: 230). Auch den Chinaweinen traute man zu, den Verlauf der

Choleraerkrankung günstig zu beeinflussen. Eine 1831 dazu erschienene Publikation trägt den Titel: »Neu specifische Heilmethode der epidemischen Cholera oder (richtiger) des Cholera=Fiebers mittelst des fiebervertreibenden Princips der Chinarinde« (Hahn'sche Hofbuchhandlung. Hannover 1831; ein Exemplar befindet sich in der Sächsischen Landesbibliothek, Dresden).

Die Beispiele zeigen: Viele Liebestränke und Liebesweine haben eine Doppelfunktion. Sie fördern die Liebe und gelten gleichzeitig als Mittel zur Vorbeugung und Heilung von Infektionskrankheiten. Unter diesen war die orientalische Brechruhr, die Cholera, besonders gefürchtet. Um sich vor ihr zu schützen, griff das Volk zur Flasche, oder, wenn das nichts half, zu magischen Mitteln. Das änderte sich erst, als Robert Koch den Cholerabazillus entdeckte und die Verbreitung der Seuche mit den katastrophalen sanitären und hygienischen Bedingungen, die in vielen Großstädten des 19. Jahrhunderts herrschten, in Zusammenhang brachte.

Cholera in St. Petersburg: Die Friedhöfe vermögen die Toten kaum zu fassen.
Aus »Reclams Universum«, Berlin, 1909.

Klopfendes Herz: junge Frau mit Liebesbrief und neugieriger Mutter. Lithografie, um 1860.

Maleficio impotens

Muskatnuss und Nelkenwurz im Liebeszauber

Die medizinische Nutzung bestimmter Substanzen und ihr Gebrauch im Liebeszauber liegen, wie wir gesehen haben, nahe beieinander.

So sind Kampfer und Opium gleichzeitig auch die Hauptbestandteile der *Orientalischen Fröhlichkeitspillen*. Mit diesem Begriff werden Pillen bezeichnet, die aus Cannabis, Opium, Nachtschattengewächsen und Gewürzen hergestellt werden. Im ganzen Orient wurden sie als Medizin, als bewusstseinserweiternde Substanz und insbesondere auch als Aphrodisiakum eingenommen (RÄTSCH, Fröhlichkeitspillen 1990).

Unter dem Stichwort Fröhlichkeitspillen heißt es bei MOST: »Um üble Laune und hypochondrische Gemüthsverstimmung zu vertreiben, nehmen die Orientalen, welche bekanntlich sich auch gern am Opiumrauchen und Opiumessen ergötzen, ihre Zuflucht zu einer Mischung: Nepenthe genannt, bestehend aus dem Pulver der trocknen obersten Blätter und Blüthen des Hanfs, in Verbindung mit Opium, Arecanuss, Gewürzen und Zucker, welche sie in Pillenform verschlucken« (MOST [1843] 1984: 194).

Anders als Opium, das geraucht oder geschluckt wird, wird Kampfer auch äußerlich angewendet. Zum Harz griff man bei rheumatischen Beschwerden. Bei Zahnschmerzen stopfte man ein kleines, in Baumwolle gewickeltes Stück Kampfer in das Ohr auf der leidenden Seite. Gleichzeitig ist Kampfer auch ein Aphrodisiakum. Zusammen mit anderen Substanzen wird in Südostasien daraus eine Salbe bereitet, die kurz vor dem Koitus auf den Penis geschmiert wird. Das soll die Frau dem Willen des Mannes gefügig machen und einen Orgasmus auslösen (RÄTSCH, Fröhlichkeitspillen 1990: 61).

Zusammen mit Muskatnuss sind Opium und Kampfer auch Hauptzutaten einer Pille, die beim Halten der Manneskraft, das heißt der Verzögerung des Orgasmus beim Mann, helfen soll. Das Rezept dafür findet sich im Bavasita-Buch indischer Heilmethoden aus dem 11. oder 12. Jahrhundert (RÄTSCH, Fröhlichkeitspillen 1990: 15). Mit den Gewürzen, den Drogen und Harzen kamen aus dem Osten auch die Kenntnisse um ihren Gebrauch als Aphrodisiaka. Im Abendland fügte man die exotischen Zutaten dem Wein bei oder bereitete daraus Liköre oder Liebessalben, deren Rezepturen sich in Kräuterbüchern und manchmal auch in Volksliedern erhalten haben.

Volkslieder und Volksseele

Vom Volk überlieferte Erzählungen und Bräuche haben sich im Kanton Luzern in ungewöhnlich großer Zahl erhalten. Einer der Gründe ist die Bevölkerungsstruktur in diesem Teil der Schweiz, die bis in die neueste Zeit kaum größeren Einflüssen von außen unterworfen war. Mehr oder minder abgeschlossen von der Außenwelt überlebten auf diese Weise dörfliche Beziehungsnetze, die anderswo bloß noch der Überlieferung nach bekannt sind. Und mit den verschiedenen Sippen, die ihre Gehöfte in einzelnen Fällen schon seit mehreren hundert Jahren bewirtschaften, überlebten auch Geschichten, die bei näherem Zusehen mehr als bloß ein Körnchen Wahrheit enthalten. Familien, die sich vielleicht schon seit Generationen nicht gut gesinnt waren, sind es in vielen Fällen auch heute noch nicht, obschon die Ursache der gegenseitigen Abneigung niemandem mehr bekannt ist. Noch vor wenigen Jahren zum Beispiel sorgte in nächster Nähe der Fall einer jungen Frau für Aufsehen, die vor ihrer Heirat schwanger wurde. Nicht etwa die voreheliche Beziehung war der Stein des Anstoßes, sondern der Umstand, dass der junge Mann aus einer Familie stammte, die sich einem anderen politischen und gesellschaftlichen Stand zuordnete. Mittlerweile haben sich hier wie anderswo die Emotionen gelegt, nicht zuletzt durch die in den letzten Jahren rapide angestiegene Zuwanderung von Menschen aus anderen Kulturen bei gleichzeitiger Abwanderung der Dorfjugend in die Ballungszentren der Städte, in denen die Aussichten auf ein berufliches Fortkommen weitaus größer sind als auf dem Land.

Die Kenntnis der hier skizzierten Zusammenhänge ist unerlässlich, um Volkserzählungen und Volkslieder in ihrer ganzen Bedeutung zu begreifen und kulturgeschichtlich einzuordnen. Besonders die Volkslieder nehmen hier eine Sonderstellung ein, weil sie der Ausdruck von Emotionen sind, die der Seele des Volkes entspringen. Doch erst die wissenschaftliche Forschung definierte den noch in der Romantik verklärten Begriff der Volksseele neu und umschrieb auch jenen der Volkskunde. Gleichzeitig entmystifizierte sie die verbreitete Auffassung von der »dichtenden Volksseele«, die selbst nie ein Volkslied geschaffen hat; denn Volkslieder sind nichts anderes als Lieder, die vom Volk gerne gesungen werden. Aus diesem Grund, und nicht etwa, weil das Volk in lichten Momenten eine besonders schöpferische Kraft entwickelte, sind sie auch Allgemeingut geworden. Dennoch steht am Anfang eines jeden Volksliedes ein Individuallied, das volkstümlich geworden ist, weil es

Gegensätze: Flirt oder junge Liebe? Postkarte vom 31. Mai 1906.

dem Geschmack oder dem Empfinden des Volkes in Form oder Inhalt, in Text oder Melodie entspricht (nach WEISS 1978: 235ff.).

Das Unverstandene, nicht Bekannte und nicht Alltägliche wird dabei automatisch ausgesondert und durch neue Texte oder Melodieteile ersetzt. Dabei wird das Lied gewissermaßen »zersungen«, was aber aus der Sicht der volkskundlichen Forschung nicht mit der Zerstörung eines »Urwertes« gleichgesetzt werden kann, im Gegenteil. Gerade durch diese Umformungen ist das Volkslied ein besonders zuverlässiger Spiegel für das Fühlen, Denken und Handeln eines Volkes, denn sein Inhalt und seine feinen Anspielungen, die für uns nicht immer auf Anhieb als solche erkennbar sind, müssen im Zeitpunkt seiner Entstehung allgemein bekannt gewesen sein. Nicht das Lied an sich interessiert deshalb den Forscher, sondern die Beweggründe, die zu seiner Beliebtheit und Verbreitung geführt haben. Dies öffnet den eigentlichen Kern des Volksliedes, das als Spiegel der Zeit, in der es entstanden ist, einen wesentlichen Beitrag zur Erforschung unserer Kulturgeschichte leistet.

Auf diese Weise entpuppt sich vieles, das in den Volksliedern scheinbar mehr oder minder harmlos daherkommt, als geschickt getarnter Spott und Hohn, als poetisch eingekleideter Ausdruck von Sympathie, Antipathie, Erfolg oder Misserfolg anderer und nicht zuletzt als unverhohlene Kritik gegenüber gesellschaftlichen und menschlichen Unzulänglichkeiten.

Das wohl treffendste Beispiel dafür ist *»Das alte Guggisberger Lied«*, das auch unter dem Namen *»Der Simeliberg«* in der ganzen deutschen Schweiz bekannt ist. Es zählt zu den ältesten und urtümlichsten Volksliedern der Schweiz und ist gleichzeitig eines der schönsten und beliebtesten. Seine Bekanntheit verdankt es sicher auch der wehmütig klagenden Melodie, die auf das Gemüt eines jeden Menschen wirkt, der verlorenen Liebschaften und unbekümmer-

ter Jugend nachtrauert. Kaum ein Zuhörer kann sich der altertümlich und ernst klingenden Moll-Weise entziehen, wenn das Lied zu vorgerückter Stunde in einem von Emotionen bewegten Kreis angestimmt wird.

Zutreffend beschreibt Otto von Greyerz (1912: 195), der einen Aufsatz zur Herkunft des Liedes verfasst hat, den wehmütigen Charakter der Melodie, wenn er sagt: »Scheu und zögernd löst sich aus der Tiefe der Verschwiegenheit die sehnsüchtige Klage und scheint gleich wieder in sich selbst zurückkehren zu wollen. Doch in der Wiederholung des ersten Satzes schöpft sie den Mut zum Aufschwung und bricht dann in der höchsten, lang angehaltenen Note auf dem Worte ›uf Ärde‹ leidenschaftlich aus, um aber sogleich wieder abzuschwellen, gemäßigt und gelassen zu verklingen.«

Auch vom Text her gilt das Guggisberger Lied als eines der schönsten und echtesten der schweizerischen Volkslieder. Die oben erwähnte 1912 publizierte Untersuchung hat jedoch gezeigt, dass Text und Melodie aus verschiedenen Bestandteilen zusammengewachsen sind. Der Kehrreim vom *»Vreneli ab em Guggisbärg«* und *»Simes Hans Joggeli«* stammt zwar aus dem Bernbiet; sowohl *Guggisbärg* wie auch *Simelibärg* sind, wie wir noch sehen werden, Ortsbezeichnungen, die tatsächlich vorkommen und die nicht weit voneinander entfernt sind. Die übrigen Versteile aber, die das Klagelied eines Mädchens enthalten, das trotz der Verabreichung eines Zaubermittels – vielleicht eines Liebestranks – vom Liebhaber enttäuscht worden ist, sind später eingefügte Wanderstrophen, die auch in anderen europäischen Liebesliedern vorkommen.

Mit *»Simes Hans Joggeli«* in Zusammenhang steht die im Refrain regelmäßig wiederkehrende Ortsbezeichnung *Simelibärg*. Was den Simelibärg betrifft, so besteht kaum ein Zweifel, dass damit der Ausläufer einer vom Guggershorn im schweizerischen Kanton Bern ausgehenden und sich von Südwesten nach Nordosten erstreckenden Hügelkette gemeint ist. Südlich davon liegt Guggisberg, nördlich davon der heute zur bernischen Gemeinde Wahlern gehörende Weiler Wyden, und in diesem wiederum gab es ein Wohnhaus mit dem Namen *ds Simeli*, in dem 1890 in hohem Alter das *Simeli Bäbi* (Simons Barbara) verstarb. Der Name ds *Simelis* erklärt sich aus der in der Schweiz bis heute verbreiteten Sitte, die verschiedenen Familien gleichen Namens nach dem Vornamen, dem Beruf oder einem sonstigen Merkmal des Stammvaters zu benennen, zum Beispiel s Ottis, s Hanse, s Muusers (Feldmausers) oder s Lehrers als Beispiele für die Unterscheidung verschiedener Familien Meyer. Diese Namen gingen vor allem dann regelmäßig auf die Liegenschaften über, wenn diese über mehrere Generationen von der gleichen Familie bewohnt wurden. So war also ds *Simeli* das Wohnhaus des Simon, mundartlich *Sime*, und seine Nachfahren hieß man *ds Simelis*. Wir wissen zwar nicht, welchen bürgerlichen Nachnamen der hier genannte Simon trug. Jedenfalls wird es sich bei ihm um eine Person gehandelt haben, die aus welchen Gründen auch immer einen gewissen Bekanntheitsgrad hatte. Vielleicht war er der Erbauer jenes Hauses, das seine Nachfahren auch später noch bewohnten, vielleicht handelt es sich bei ihm um jenen Simon, dessen Sohn in unserem Lied ds *Simes Hans Joggeli* (Simons Hans Jakob) genannt wird. Überliefert ist nur, und zwar durch die Volksliedsammlung des Johann Rudolf Wyss von 1826, dass ein »längst verstorbener Pfarrer von Guggisberg« den greisen *Simes Hans Joggeli*, als dieser auf dem Sterbebett lag, besucht haben soll. Sofern wir dieser Überlieferung glauben dürfen, wäre die Entstehung des Guggisberger Liedes auf die Mitte des 18. Jahrhunderts anzusetzen (nach Von Greyerz 1912).

Nachfolgend interessieren uns die volkskundlichen Aspekte und die Herkunft des Liedes jedoch nur so weit, als sie das offenbar allgemein verbreitete Wissen um ein Mittel gegen Impotenz belegen, in dem das Benediktenkraut, *Geum urbanum* L., eine wichtige Rolle spielt. Es ziehen folglich jene Strophen die Aufmerksamkeit auf sich, in denen von *Nelken* und *Muskaten* die Rede ist. Beide sind die Hauptbestandteile der bereits besprochenen Buhler- oder Liebestränke, die beim Kiltgang eine wichtige Rolle spielten.

Bei näherer Betrachtung zeigt es sich, dass gerade diese Verse die scheinbare Unwirksamkeit eines ansonsten recht brauchbaren Liebesmittels zum Inhalt haben, dessen Zusammensetzung, Wirksamkeit und Gebrauch in Liebesangelegenheiten offenbar allgemein bekannt war.

Die Verknüpfung der Wanderstrophen mit dem Kehrreim *»Simes Hans Joggeli änet em Bärg«* lässt die gar nicht mehr so ungehörige Schlussfolgerung zu, dass es sich hier um ein richtiggehend bösartiges Spottlied handelt, das auf die Verunglimpfung einer namentlich in jeder Strophe genannten Sippe, nämlich ds *Simelis*, abzielt. Über die Gründe können wir nur Vermutungen anstellen. Vielleicht gab dazu eine unglücklich verlaufene Liebesbeziehung zwischen einem Mädchen aus Guggisberg und einem Simelibärger Anlass. Gewissermaßen aus Rache wird nun den *Simelis*, insbesondere aber dem in jeder Strophe wiederkehrenden *Hans Joggeli*, Liebesunfähigkeit unterstellt, die in der Schlussfolgerung gipfelt, dass bei den Simelibärgern nicht einmal die damals allgemein bekannten Buhlertränke etwas ausrichten konnten. Geradezu exemplarisch erinnert diese Rivalität zwischen zwei Dorfgemeinschaften an die bisweilen von handfesten Auseinandersetzungen begleiteten Kiltgänge in Nachbardörfer, bei denen der zauberische Liebestrank eine Schlüsselrolle spielte. Da wird es verständlich, weshalb noch zu Beginn dieses Jahrhunderts das heute so beliebte Lied in seinem Herkunftsraum gar nicht gerne gehört wurde.

Jene Teile des Klageliedes, in denen von diesem geheimnisvollen Liebesmittel die Rede ist, lauten in ihrer heutigen Fassung folgendermaßen:

»In mines Büelis Garte – Simelibärg!
Und ds Vreneli ab em Guggisbärg
Und ds Simes Hans Joggeli änet em Bärg –
In mines Büelis Garte
Da stah zweu Bäumeli.
Das eini treit Muschgate – Simelibärg!
– Und ds Vreneli ab em Guggisbärg
Und ds Simes Hans Joggeli änet em Bärg –
Das eini treit Muschgate,
Das andri Nägeli.
Muschgate, die si süeßi – Simelibärg!
Und ds Vreneli ab em Guggisbärg
Und ds Simes Hans Joggeli änet em Bärg –
Muschgate, die si süeßi
Und d Nägeli si räß.
I gab's mim Lieb z versueche – Simelibärg!
Und ds Vreneli ab em Guggisbärg
Und ds Simes Hans Joggeli änet em Bärg –
I gab's mim Lieb z versueche,
Dass's miner nit vergäss.«

Der Text fährt fort mit der Feststellung, dass die nunmehr vor zwei Jahren verabreichten *Nägeli* und *Muschgate* bei *Simes Hans Joggeli* offenbar nichts bewirkten. Hat *Simes Hans Joggeli* bei einem nächtlichen Kiltgang in der Kammer des Mädchens trotz eines Liebestrankes oder einer Liebessalbe vielleicht versagt und sich seither aus Scham nicht mehr blicken lassen? Oder hat ihm das Mädchen einfach nicht gefallen, eine einseitige Liebe also? Wir wissen es nicht. Das Lied endet jedenfalls damit, dass das Mädchen, dessen Gefühle unerwidert geblieben sind, in der letzten Strophe am liebsten sterben möchte. Zumindest vom Liedtext her wissen wir also nicht, wie die Sache letztlich ausging.

In dem Lied ist nur von zwei der Liebe förderlichen Mitteln die Rede, nämlich den Muschgate und den Nägeli. Ob sie zu einer Salbe verarbeitet oder einem Liebestrank beigegeben wurden, geht daraus nicht hervor. Der Hinweis auf ihren Geschmack lässt jedoch den Schluss zu, dass mit den

Idealbild: gut gebaute Schönheit nach dem Geschmack der Zeit. Postkarte, um 1900.

»süßen« Muskatnüssen und den »räßen«, das heißt bitteren Nelken die Bestandteile eines Liebestrankes genannt werden. Dennoch erscheinen in alten Kräuterbüchern beide sowohl als Zutaten einer zum Einreiben bestimmten Salbe gegen Impotenz, wie auch als die hauptsächlichsten Zutaten verschiedener Liebestränke. Bezüglich der Nägeli ist anzumerken, dass dabei der echte Nelkenwurz *(Geum urbanum* L.) gemeint ist, eine kulturhistorisch und medizinisch wichtige, aber nahezu vergessene Heilpflanze, die in der Umgangssprache auch Benediktenkraut, Heil aller Welt und Mannskraft genannt wird. Wo in alten Rezepten von Nägelin, Nägelikraut, Caryophyllus oder Gariofillata die Rede ist, handelt es sich in der Regel um das Rhizom von *Geum urbanum* und nicht um die Gewürznelke *(Eugenia caryophyllata* L.) (nach SCHMID 1961).

Über die bewusstseinserweiternde Wirkung der Muskatnuss ist bereits ausführlich geschrieben worden, weshalb wir uns hier nur auf ihre Rolle im europäischen Liebeszauber beschränken. Weniger bekannt ist, dass das im Lied

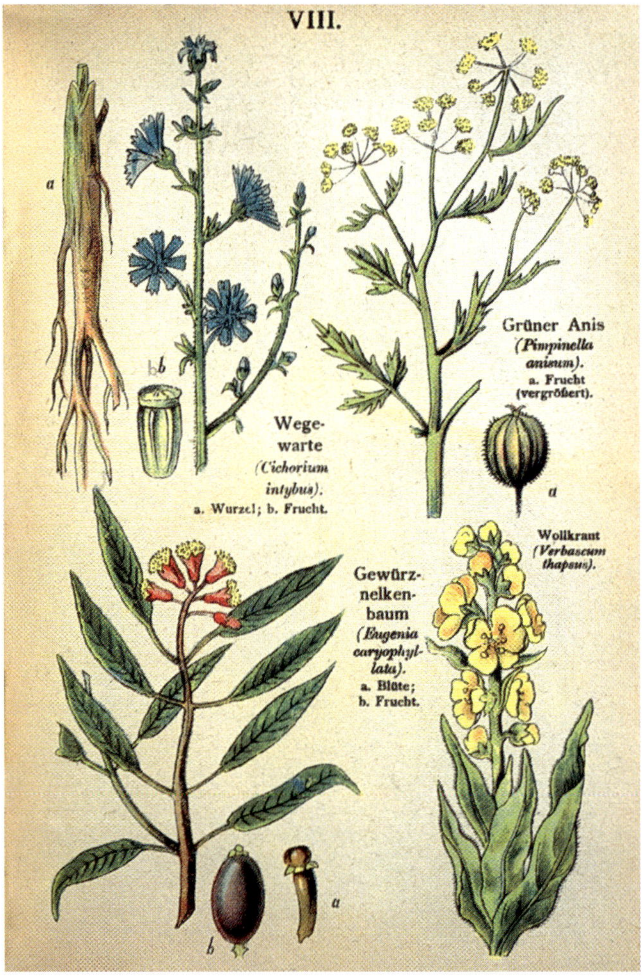

Anis und Nelken: zwei Gewürze, die von jeher im Liebeszauber eine wichtige Rolle spielen. Aus »Der praktische Kräuter-Arzt«, Berlin, o. J. (um 1910).

Nägeli genannte Benediktenkraut nicht nur eine wichtige Heilpflanze ist, sondern häufig auch Bestandteil verschiedener aphrodisierender Liebestränke war.

Nelkenwurz

Das Benedikten-, Igel- oder Nägelikraut *(Geum urbanum* L.), das in alten Chroniken auch *Nelkengaraffel, Sanikula* oder *Gariofilat* genannt wird, gehört zur Familie der Rosenblütler. Die Pflanze, die einen feuchten oder stickstoffhaltigen Boden liebt, findet sich häufig in Laub- und Mischwäldern, an Wegen und bei Gebüschen. Der stark verästelte Stengel trägt einzeln stehende gelbe, fünfblättrige Blüten. Der zehnspaltige Kelch biegt sich nach der Entwicklung der Blume zurück; die behaarten Blätter sind ungleich gefiedert. Die Fruchtstände gleichen durch die hakenförmig gekrümmten Griffel kleinen Kletten. Dadurch ist die Pflanze besonders leicht bestimmbar, ebenso durch den angenehmen, an Gewürznelken erinnernden Geruch des rotbraunen Wurzelstocks. Dieser hat einen herb bitteren Geschmack und enthält das ätherische Öl Eugenol sowie Gerbstoffe. Eugenol gilt als stimulierend, betäubend und auf das Bewusstsein wirkend. In hohen Konzentrationen kommt es in der Gewürznelke vor (Rätsch 1998: 816). Da die in der Wurzel enthaltenen Alkaloide bitter zusammenziehend, magen- und herzstärkend wirken, war das Benediktenkraut Bestandteil zahlreicher Gewürzweine, die bei verdorbenem und verschleimtem Magen eingenommen wurden. Als Ersatz für Hopfen wurde die Wurzel früher auch dem Bier zugesetzt, dem sie eine angenehme Bitterkeit verlieh.

Nelkenwurz in der Volksmedizin

In der Volksmedizin wird Nelkenwurz bei Schleimhaut- und Zahnfleischentzündungen (Gurgelmittel für Mund und Rachen) verwendet sowie innerlich als Tonikum und den Appetit anregendes Magenmittel. Äußerlich gebraucht man es bei Frostbeulen und Hämorrhoiden. In der Homöopathie wird es bei übermäßiger Schweißabsonderung eingesetzt (Wichtl 2002: 244).

Vielseitiges Kraut: ein aus Nelkenwurz (*Geum urbanum* L.). hergestellter Benediktenwein half bei allgemeiner Schwäche der Verdauungsorgane. Die Pflanze spielte aber auch im Liebeszauber eine wichtige Rolle.

Die besten Dienste leistet diese alte Heilpflanze, in Wein angesetzt, bei einer allgemeinen Schwäche der Verdauungsorgane. Sie muss im Frühjahr vor der Blüte gesammelt, gereinigt und im Schatten an einem luftigen Ort getrocknet werden.

Um einen Nelkenwurzwein zu machen, nimmt man auf eine Flasche Wein 60–100 g fein geschnittene Wurzeln, fügt sie dem Wein zu und lässt das Gemisch einige Tage stehen, ehe man davon trinkt. Entweder wird immer wieder frischer Wein nachgegossen oder der erste Ansatz wird durchgeseiht. Davon nimmt man täglich einige Zeit vor den Mahlzeiten jeweils einen Esslöffel voll.

Einige interessante Rezepte für die Zubereitung eines Benediktenweins finden sich in Johann Wallbergens 1769 erschienener »Sammlung Natürlicher Zauberkünste oder aufrichtige Entdeckung vieler bewährter, lustiger und nützlicher Geheimnüsse, insbesondere denen Wein-Negozianten dienende«. Es handelt sich dabei um Rezepte für magenstärkende *Aqua Vitae* und *Rossolis*, Stärkungstränke also, die im Liebeszauber und in der Brautwerbung Verwendung fanden. Sie erwärmen den Magen, wirken kräftigend, stärkend und sind der Verdauung förderlich. Da, wie etwa vom Arzt Georg Friedrich Most in seiner 1843 erschienenen »Encyklopädie der Volksmedicin« festgehalten, Völlerei und schwer verdauliche Speisen als Hauptursachen für sexuelles Unvermögen galten, handelt es sich beim Benediktenwein zweifellos um eine vorbeugende Maßnahme gegen Impotenz (vgl. Most [1842] 1984: 21; Lussi 1996: 80).

Wie wir wissen, sind die wirksamsten und heute noch allgemein gültigen Methoden, die Manneskraft zur erhalten, einfache Kost, kaltes Wasser und viel Bewegung im Freien. All dies wirkt zusammen mit den *Aquae Vitae* der Trägheit der Verdauungsorgane entgegen, und da übermäßiges Essen mit darauf folgenden Magenbeschwerden eine der häufigsten Zivilisationskrankheiten ist, führen wir nachfolgend ein aus Johann Wallbergens »Sammlung Natürlicher Zauberkünste« stammendes Rezept für einen magenstärkenden *Ros Solis* an, der anders als die bereits beschriebenen Rosolis auch Nelken und Muskat enthält, jene Substanzen also, die im Guggisberger Lied genannt werden:

Ros Solis auf eine andere Art

»Scharfen Zimmets 2 Lot,
Galgant, Zitwerwurzel, Ingwer, Gewürznelken [Rhizom von *Geum urbanum* L.], jedes 1 Lot,
Muskatenblumen 3 Quent,
Muskatennuss 2 Quent,
Violwurz, Kardamomen, Zitronen- und Pomeranzenschalen, jedes 2 Quent,
Rhabarbara, Kubeben, jedes 1 Quent,
Rosmarin, trockene rote Rosen, jedes eine halbe Handvoll.

Alles gröblichst zerstoßen und zerschnitten, in einer gläsernen Flasche 4 Maß guten Branntenweins [1 Maß enthält 4 Schoppen und misst 1½ Liter] daraufgegossen, mit 2 Pfund geläuterten Zuckersirups vermischt, einen Tag oder 10 digerieren lassen. Hernach durch einen tüchenen Sack gelassen und aufbehalten.« (Wallbergen 1988 [1769]: 111)

Dass in vielen Rezepten an die Stelle der Wurzeln des Benediktenkrauts schon früh Gewürznelken getreten sind, zeigen zahlreiche Aqua-Vitae-Rezepte aus Kräuterbüchern des 17. Jahrhunderts. Doch schon nach dem »Confect Büchlin vnd Hausz Apoteck« des Walther Hermann Ryff von 1544 scheint das Benediktenkraut nur noch selten zu Heilzwecken verwendet bzw. durch die echte Gewürznelke ersetzt worden zu sein: »Die wolriechende Benedicten wurtzel ist auch lange jare jres namens bei den ärtzten beraubt gewesen / welcher jr kurtz verschiner zeit widerumb zuogestellet worden / vergleicht sich der gestalt nach der Abbisswurtzel / aber am gernch der edlen Garioffels näglin. Diese wurtzel hat solchen jren guotten edlen geruch am krefftigsten im Frueling / sonderlich im Mertzmonat / welche zeit sie gegraben / /wol geseubert / gereynigt / vnnd auffgedoert werden sol / dann in den wein gehenckt / entpfahet der wein ein köstlichen geruch vnd seer lieblichen geschmack darvon / erquickt vnd erfrewet das hertz vnd gemuet / eroeffenet die verstopffung der leber / bekrefftigt das kalt feucht hirn / vnd erwaermet den erkalten verschleimpten magen / benimpt den schmertzen der weiblichen geburts glider« (Ryff [1544] 1983: 119).

Wo in Rezepten von Gewürznelken die Rede ist, handelt es sich deshalb meist um *Eugenia caryophyllata* L., die an die Stelle des Benediktenkrautes getreten ist. Werden nur *Nägelin* oder *Nägelgen* verlangt, so ist in der Regel *Geum urbanum* L. gemeint, wobei Verwechslungen nicht auszuschließen sind. Auch im »Kräutersegen« findet sich ein Hinweis, wonach das Benediktenkraut mit dem Aufkommen der echten Gewürznelken scheinbar in Vergessenheit geraten bzw. durch Letztere ersetzt worden ist: »Wenn ihr in alten Chroniken und Rittergeschichten lest, dass die sorgende Hausfrau ihrem gestrengsten Herrn Gemahl – Ritter oder Ratsherr – zur Magen- und Herzstärkung ›Gewürznägelein-Wein‹ oder ›gewürzten Wein‹ vorsetzte, den sie mit eigener Hand zubereitet hatte, so dürft ihr denken, dass es mit Hilfe unserer Nelkenwurz geschah, die zu jener Zeit in hohem Ansehen stand. Auch waren dortmals die Gewürznelken, wie wir sie jetzt benützen, teilweise noch unbekannt, jedenfalls aber sehr teuer. Darum wurde Nägeleinkraut im Haus- und Burggärtchen angebaut« (Zimmerer [1896] 1987: 250).

Im Guggisberger Lied wird darauf hingewiesen, dass die *Nägeli* aus *»mines Büelis Garte«* stammen, also aus dem Garten des Liebhabers. Im Liedtext sind sie *»räß«* (bitter), ein weiteres Indiz, dass wir es hier mit *Geum urbanum* L. und nicht mit echten Gewürznelken zu tun haben.

Wie viele andere Heilpflanzen ist das Benediktenkraut wohl aus den Klostergärten übernommen und in den Bauerngärten angepflanzt worden. Jo-

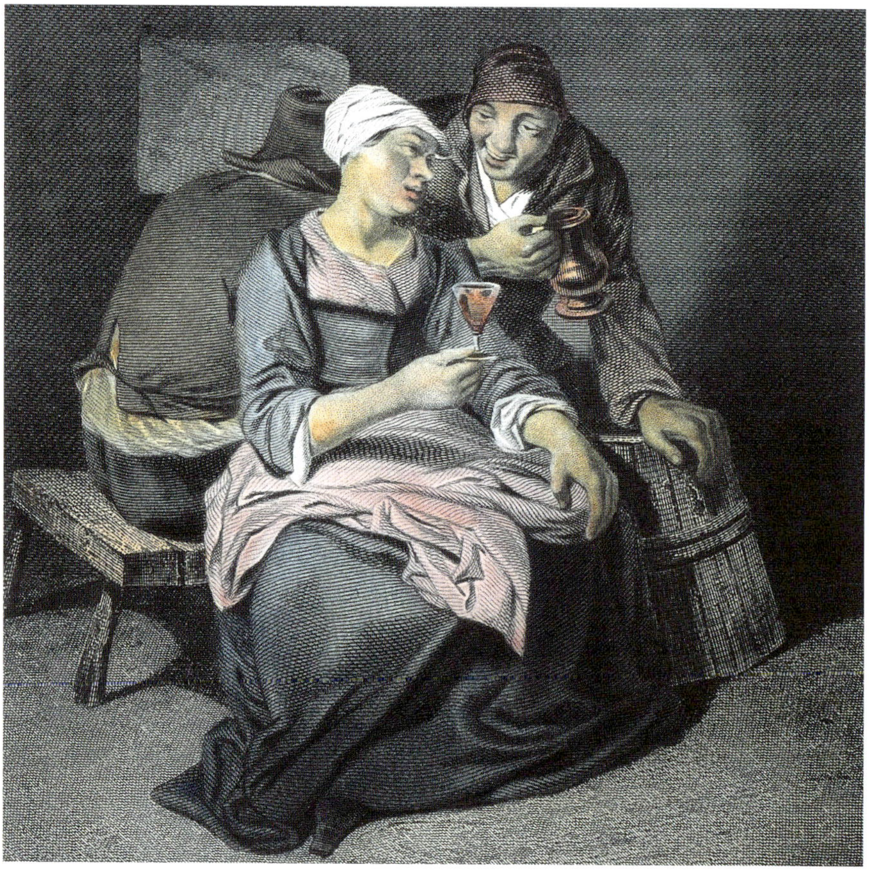

hannes Meyer, der im 15. Jahrhundert als Beichtvater im Freiburger Dominikanerinnenkloster Adelhausen wirkte, führt in seinem Ämterbuch das Amt der Gärtnerin auf. Diese hatte sich um den Klostergarten zu kümmern, in dem unter anderen Kräutern auch *benedicten wurzen* angebaut werden mussten (Wolf 1986: 25). In verlassenen oder ehemaligen Bauerngärten, die nicht mit Gift gründlich »gesäubert« wurden, bildet es heute noch als scheinbares Unkraut größere Bestände.

Das Benediktenkraut ist nicht nur für innerlich anzuwendende Gewürzweine gebraucht worden, es wurde auch zu Tinkturen und Salben verarbeitet, die man bei allgemeiner Körperschwäche einrieb. Das nachfolgende Rezept stammt ebenfalls aus Wallbergens »Sammlung Natürlicher Zauberkünste«:

»Lavander-Wasser, in Ohnmachten und großen Schwachheiten sehr bewähret:

Der Lavander-Blümgen in der Blüte abgestreift 1 Pfund, Zimmets 2 Lot, Muskatennuss 2 Lot, Nägelgen 1 Lot, Zitronenschalen 2 Lot; das Gewürz gestoßen und die Schalen geschnitten, zu den Lavendeln in ein Glas getan nebst 1 viertel Pfund Rosenwassers, 1 achtteil Pfund Melissenwassers und ein halb Maß spanischen Weins, 8 Tage lang stehenlassen, hernach gebrennt. Tüchlein darein getaucht, selbige auf das Herz und Pulsen gelegt, auch die Schläfe und Würbel damit bestrichen.« (Wallbergen [1769] 1988: 104)

Ein weiteres Rezept aus der gleichen Sammlung kommt einem klassischen Liebestrank schon sehr nahe, vor allem auch deshalb, weil der Trank mit *Bisams* (Moschus) zusätzlich aromatisiert werden muss:

»Wittenbergisches rotes Aqua Vitae

Scharfen Zimmets 2 Lot,
roten Sandelholzes 2 Quent,
Muskatennuss, Rhodiser-Holz, jedes 1 Quent,
gelben Sandelholzes ein halb Quent,
Muskatenblumen, Galgant, Kardamomen, Gewürznelken, jedes 15 Gran.

Alles gröblichst gestoßen, in anderhalb Maß guten Branntenweins 8 Tage lang digeriert, hernacher filtriert, süße gemacht und zuletzt anderthalb Grane Bisams hineingehangen. (Wallbergen [1769] 1988: 112)

Wirtshausszene mit Liebespaar. Stich von William French nach einem Gemälde von Cornelis Pieters Bega (1631/1632 bis 1664), zweite Hälfte 19. Jahrhundert.

Wie Johann Wallbergen empfahl auch Johann Friedrich Osiander in seinem 1838 in Tübingen erschienenen Buch »Volksarzneimittel und einfache, nicht pharmaceutische Heilmittel gegen Krankheiten des Menschen« den Geruch von Moschus und Ambra als Mittel gegen Impotenz.

Moschus und Ambra

Moschus stammt hauptsächlich von dem *kasturi* genannten Moschushirsch *(Moschus moschiferus)*. In der Brunstzeit produziert der Hirsch aus einer zwischen dem Genital- und dem Analbereich sitzenden Drüse ein Sekret, das als Moschus in den Handel kommt und seit dem Mittelalter als Aphrodisiakum geschätzt wird.

Ambra ist ein Stoffwechselprodukt des Walratwals, das durch eine Verfettung der Darmsysteme entsteht. Wenn der Wal stirbt oder sich erbricht, wird das leichte und fettig glänzende Ambra an der Küste angetrieben, wo es eingesammelt wird. Im Mittelalter wurde es als Heilmittel bei Impotenz empfohlen (Rätsch, Fröhlichkeitspillen 1990: 79). Echtes Ambra ist sehr teuer: 1 g kostet 250 bis 300 Franken oder rund 200 Euro.

Von Moschus und Ambra ist im Guggisberger Lied zwar nicht die Rede. Aber auch ein mit der *benedicta* versetzter Trank kann nach der heiligen Hildegard von Bingen durchaus in der Lage sein, die Liebe zu entfachen. Auch

Echtes Ambra. Das Stoffwechselprodukt des Walratwals wurde im Mittelalter als Heilmittel bei Impotenz empfohlen.

der in Hessen und Thüringen heimische Name *Mannskraft* weist auf die erotische Bedeutung der Pflanze hin. Im Liebeszauber erscheint das Benediktenkraut aber selten allein, sondern immer zusammen mit anderen Kräutern und Gewürzen, vor allem mit der Muskatnuss.

Muskatnuss

Der ursprünglich auf den Molukken heimische Muskatbaum *(Myristica fragrans* Houtt.) ist heute über ganz Südostasien verbreitet. Die Kerne (Muskatnuss) und der sie umgebende Samenmantel (Macis oder Muskatblüte) werden als Gewürz, Aphrodisiakum und Rauschmittel benutzt. Die Muskatnuss enthält 6 bis 8 Prozent ätherisches Öl, die Muskatblüte hingegen kann bis zu 17 Prozent enthalten. Das Öl des Samenmantels enthält zur Hauptsache *Myristicin*. Daneben finden sich in geringen Mengen *Safrol* und *Elemicin*. Die Muskatnuss enthält weniger *Myristicin*, dafür aber mehr *Safrol* (etwa 3 Prozent), *Eugenol* und einige weitere Bestandteile. Das aus der Muskatnuss gewonnene Öl wurde von jeher als aphrodisierendes Rauschmittel geschätzt. Unter seinem Einfluss sollen die Träume an Farbigkeit und Intensität gewinnen (Henglein 1985: 174). In den sechziger Jahren ist die halluzinogene Wirkung der Muskatnuss von amerikanischen Studenten wiederentdeckt worden. Eine Zündholzschachtel voll Muskatpulver soll dem »kick of three or four reefers«, das heißt dem Effekt von drei bis vier Marihuana-Zigaretten entsprechen (Schmidbauer 1993: 283). In Deutschland fällt das Muskatöl unter das Betäubungsmittelgesetz.

In Indien hieß Muskat *mada shaunda*, betäubende Frucht. Sie war ein Bestandteil vieler berauschender Liebeselixiere. In der ayurvedischen Medizin brauchte man sie, um sexuelle Schwäche zu beheben (Rätsch, Fröhlichkeits-

Erotisierend: Eine indische Braut wird mit einem aphrodisierenden Öl eingerieben. CD-Cover, Eversongs GmbH, Unterföhring/München.

Erste Zärtlichkeiten: Braut und Bräutigam liebkosen sich zum Klang der Musik. Indische Malerei auf Elfenbein, 19. Jahrhundert.

pillen 1990: 68). Zusammen mit Öl verarbeitete man die »süße« Muskat zu einer Salbe, die stimulierend wirkt; in Indien wurden damit in der Hochzeitsnacht die Bräute eingerieben: »Sweet-scented musk seeds were traditionally prepared into a tincture, combined with jasmine oil and used to anoint Hindu brides on their wedding night« (ALLARDICE 1989: 25).

In der Antike war die Muskatnuss unbekannt. Erst im 12. Jahrhundert schreibt die heilige Hildegard von Bingen ausführlich über deren Heilwirkung bei Gemütsleiden. Nach der Entdeckung des Seewegs nach Indien kam die Muskatnuss in größeren Mengen zu uns und mit ihr natürlich auch das Wissen und die Rezepte für ihren Gebrauch als sexuell stimulierendes Mittel. Wie viele Gewürze spielt die Muskatnuss deshalb als Aphrodisiakum und – davon abgeleitet – im Liebeszauber eine wichtige Rolle. Eine Muskatnuss, so groß, dass man sie ganz verschlucken und auch ganz wieder ausscheiden kann, bildet zu Pulver zerrieben und unter das Essen gemischt ein unfehlbares Liebeselixier (BÄCHTOLD-STÄUBLI 1987: 6, 692). Auch nach einer Breslauer Handschrift des 17. Jahrhunderts scheint sich die Muskatnuss als »Mittel, um Liebe und Freundschaft zu machen« bewährt zu haben (BÄCHTOLD-STÄUBLI 1987: 6, 692). Die wiederum ganz verschluckte und alsdann ausgeschiedene Muskatnuss wird am Freitag zur *hora Veneris*, das heißt zu jenen Tagesstunden, die dem Planeten Venus unterstehen, unter den linken Arm gelegt (zum System der Regentschaft der Planeten siehe LUSSI 1993: 62ff.). Das davon abgeschabte Pulver erweckt Zuneigung bei Mensch und Vieh (Mitteilungen der Schlesischen Gesellschaft für Volkskunde 12, 1910: 187; 17, 1915: 41). Dass man bereits früher um die stimulierende Kraft der Muskatnuss wusste, zeigt eine Notiz bei MOST: »Die Ostindier essen häufig die in Zucker gekochten Muskatnüsse und verfallen dadurch in Schlafsucht und Krämpfe; ich kannte einen Jüngling, bei dem sich durch täglichen Gewürzgenuss die Geschlechtslust schon im zwölften Jahre entwickelte und der schon im dreizehnten Jahre einen Bart bekam, durch das Laster der Onanie aber ganz abgezehrt war« (MOST [1843] 1973: 231).

Ein Rezept, Muskatnüsse in Zucker einzumachen, findet sich im »Confect Büchlin vnd Hausz Apoteck« des Walter Hermann RYFF. Dazu nimmt man die Muskatnüsse (Macis ist nicht geeignet) und legt sie in eine aus Weidenasche hergestellte Lauge, bis sie weich werden und dennoch nicht verwässern. Darauf wird die äußere Haut, die sich durch die Lauge gelöst hat, abgezogen. Die so behandelten Muskatnüsse werden dann gewaschen, getrocknet, wobei sie aber nicht hart werden sollen, und in Zucker oder Honig eingemacht. Am Morgen auf den nüchternen Magen und am Abend vor dem Schlafengehen genossen, stärken sie Hirn, Haupt und Herz, sorgen für einen »leblich geist / natürliche hitz vnd leibliche krefft«. Das Mittel wirkt außerdem bei Verdauungs- und Leberbeschwerden (Ryff [1544] 1983: 66b).

Für die äußerliche Anwendung wurde die geriebene Muskatnuss oder das daraus gewonnene Öl zu einer Salbe verarbeitet, die nach dem 1590 in Frankfurt am Main erschienenen Kräuterbuch des P. A. Mattioli auf den Penis zu schmieren war, was zum Venushandel verhelfen sollte (Rätsch, Fröhlichkeitspillen 1990: 68). Eine ähnliche Anwendung findet sich in den Aufzeichnungen des Luzerner Stadtschreibers und Apothekers Renward Cysat (1545–1614). Seine Salbe gegen Impotenz, deren Zusammensetzung wir hier im lateinischen Originaltext wiedergeben, enthält neben Muskatöl und verschiedenen tierischen Aphrodisiaka auch die uns aus dem Lied bekannten »räßen« Nägeli.

»Pro viro, qui ex maleficio impotens effectus et foeliciter successit ordinatione mea Ao 1592

(...)
Vnguenta [Salbe]
Pinguedinis castorei [Biberfett]
Zibethj [Sekret der afrikanischen Zibetkatze]
Moschi [Moschus]
Oleum nucis muscatae [Öl aus der Muskatnuss]
Garioffillata [Rhizom von *Geum urbanum* L., Nelkenwurz]
de Been [welscher Baldrian]
Fricatio renum, dorsi et jntestini.[23]«

(Zit. nach Schmid 1972: 159; Hinweise in den Klammern vom Verfasser)

Tibetanisches Massageöl: Wie Renward Cysats Salbe gegen Impotenz enthält es Öl aus Muskatnuss und Nelken.

23 Wörtlich: »Damit Nieren, Rücken und Eingeweide einreiben.« Gemeint ist wohl, dass die Salbe auf dem Rücken in der Nierengegend und vorne auf dem Bauch bzw. in der Leistengegend aufgetragen werden muss.

Ohne die exotischen Zutaten und auch nicht mehr als Mittel gegen geschlechtliches Unvermögen findet sich CYSATS Salbe später bei Georg Friedrich MOST. Sein »Balsamum Nucistae« besteht aus Wachs, Mandelöl und Muskatblütenöl und soll bei Unterleibskrämpfen und Gliederlähmungen »als beliebtes und wirksames Hausmittel« eingerieben werden (MOST [1843] 1973: 456). Weitere Rezepte aus neuerer Zeit finden sich in den um die Jahrhundertwende in großer Zahl gedruckten Büchern der praktischen Volksheilkunde.

Daneben findet auch das reine Muskatblütenöl in der Volksmedizin Verwendung: »Das ätherische Öl des Samenmantels der Muskatnuss *(Myristica fragrans)* ist ein farbloses oder gelbliches, nach Macis riechendes Öl. Es wirkt auf die Haut schwach reizend und findet daher zu reizenden Einreibungen Anwendung« (SCHRAMM et al. o.J.: 342). Es wird in die Haut eingerieben und hilft bei nervösen und rheumatischen Leiden aller Art: Im Rezeptteil dieses Buches finden wir zudem die Anleitung für die Herstellung einer Salbe, die mit jener von Georg Friedrich MOST weitgehend identisch ist:

»Muskatbalsam

Gelbes Wachs	10 Gramm
Olivenöl	20 Gramm
Muskatöl	60 Gramm

Wird im Dampfbad zusammengeschmolzen, durchgeseiht und in Kapseln gegossen. Salbengrundlage für aromatische und gelind reizende Substanzen.« (SCHRAMM et al. o.J.: 330)

Das Muskatblütenöl ist auch Bestandteil des »Hoffmannschen Lebensbalsams«, der ebenfalls bei rheumatischen Schmerzen und Neuralgien eingerieben wird. Muskat- und Nelkenöl sind ebenfalls wichtige Bestandteile der Einsiedler Balsamtropfen »Eremita« (Bezugsquelle Engel-Apotheke, Einsiedeln). Die aus neun verschiedenen Heilpflanzen hergestellten Tropfen sind seit mehr als hundert Jahren ein bewährtes Hausmittel. Sie werden innerlich bei Verdauungsstörungen, Blähungen, Krämpfen und Magenstörungen eingenommen. Äußerlich können sie zum Gurgeln oder Spülen des Mundes und bei Erkältungen (Halsschmerzen) verwendet werden. Gemäß Packungsbeilage enthalten die Einsiedler Balsamtropfen: Perubalsam, Nelkenöl, Zimtöl, Bergamottöl, Zitronenöl, Orangenschalenöl, Lavendelöl, Thymianöl und Muskatnussöl. Das Präparat enthält 71 Prozent Alkohol.

Die Engel-Apotheke in Einsiedeln

Am 10. August 1867 wurde im *Pfauen* die erste öffentliche Apotheke Einsiedelns eröffnet. 1883 verlegte der Apotheker F. Menziker das Geschäft in die Liegenschaft *Zur Ilge*. 1918 wurde die traditionsreiche Apotheke ins Haus *Zum Engel* überführt, dessen Name sie seither trägt. Einige der von der Engel-Apotheke angebotenen Spezialitäten haben ihren Ursprung im frühen 19. Jahrhundert. Besondere Bedeutung erlangt haben die *Einsiedler Balsamtropfen*, die *Einsiedler Magentropfen* und die Heilsalbe *Vulnosan*. (Quelle: Faltblatt der Engel-Apotheke, Einsiedeln)

Liebesmittel, Heilmittel, Genussmittel: Schlussfolgerungen

Nelkenwurz und Muskatnuss erscheinen in Rezeptsammlungen der frühen Neuzeit als Kombinationspräparate, die bei allgemeiner Schwäche und Impotenz Verwendung fanden. Für die innere Anwendung wird Nelkenwurz, der nicht mit der Gewürznelke verwechselt werden darf, entweder allein in Wein angesetzt oder Gewürzweinen beigegeben. Die Pflanze wirkt herz- und magenstärkend, entschlackend und durch den Gehalt an Eugenol stimulierend. Für den äußeren Gebrauch wurde die Wurzel zusammen mit Muskatnuss, Ambra und anderen Aphrodisiaka zu einer Salbe verarbeitet, die eingerieben werden musste. Die Frage, ob es sich bei den Anspielungen im Guggisberger Lied um einen aphrodisierenden Gewürzwein handelt oder um eine Salbe gegen Impotenz, wie sie bei Renward Cysat beschrieben ist, kann nicht schlüssig beantwortet werden. Erwiesen ist aber, dass beide Substanzen im 18. Jahrhundert als Aphrodisiaka allgemein bekannt waren und dementsprechend im Liebeszauber eine wichtige Rolle einnahmen. Heute noch erhältliche Präparate mit Muskat- und Nelkenöl werden nicht mehr zur Beförderung der Liebe, sondern sowohl innerlich als auch äußerlich bei einer Vielzahl von Gebrechen angewendet.

Die breite Palette der Verwendung von Gewürzen und Kräutern belegt, dass viele der heute auf der Basis von Wein und Weinbrand hergestellten Liköre und Kräuterweine wie auch die zahlreichen Salben, Öle und Tropfen ursprünglich als Aphrodisiaka Verwendung fanden. Das heißt aber nicht, dass bei allen besprochenen Mitteln schlüssig gesagt werden kann, was zuerst da war: der Gebrauch der Mixturen als Liebesmittel, als Heilmittel oder – wie bei den Aperitifs – als Genussmittel.

Fast gänzlich verschwunden sind jedoch die magischen Formen des Liebeszaubers, zu denen auch die Liebesorakel gehören. Fast alle kennen das

Orakel mit den Gänseblümchen, denen man die Blütenblätter auszupft und dazu sagt: »Sie liebt mich, sie liebt mich nicht, sie liebt mich …«

Ebenfalls noch immer bekannt sind vielleicht die Bräuche im Zusammenhang mit der Verehrung des heiligen Johannes, dessen Fest am 24. Juni gefeiert wird. So offenbart das nach dem Heiligen benannte *Santihanskraut* (Johanniskraut, *Hypericum perforatum* L.), wenn man es in der Nacht auf den Festtag des Heiligen pflückt, den Mädchen ihr Schicksal, besonders bezüglich einer möglichen Partnerschaft. Aus Luzern ist ein weiteres Liebesorakel belegt: Am Vorabend auf St. Johanni sammelt man neunerlei Blumen oder Kräuter und legt diese unter das Kopfkissen. Dabei darf man jedoch weder sprechen, noch über die Türschwelle gehen. In der Nacht sieht man dann den zukünftigen Geliebten oder die Geliebte (nach ZIHLMANN 1989: 248).

Ein weiterer Brauch, der auch im Luzerner Hinterland gepflegt wurde, ist das *Andreseln*, bei dem kultische Nacktheit gefordert war. Das Brauchtum war in ganz Europa verbreitet und hat besonders in einigen Gebieten Deutschlands spezielle Züge angenommen.

Andreseln in der Pfalz. Von Studentinnen nachgestellte Szene. Bild Clemens Jöckle.

Nachwort

Bis heute ist fast alles, was mit Liebe und Liebesbeziehungen zusammenhängt, für andere tabu; die Rezepte für Liebessalben und Liebestrünke wurden von den Apothekern nicht zuletzt auch deshalb in lateinischer Sprache niedergeschrieben, um sie anderen vorzuenthalten.

Trotzdem kommt durch Zufall oder Absicht Verborgenes immer wieder zutage. Über Kochbücher, die nach dem Tod ihrer Besitzer im Brockenhaus landen, wird so manches über Generationen geheim gehaltene Rezept öffentlich. Kaum Tabus kennt das Brauchtum. In der Nacht auf den 1. Mai entlarven Nachtbuben versteckte Beziehungen, indem sie vom Haus eines Mädchens (oder auch einer reifen Frau) eine Sägemehlspur zu jenem ihres Liebhabers legen. Was mitunter noch nach Wochen zu reden gibt, vor allem dann, wenn das im Verborgenen gepflegte Verhältnis nicht den gesellschaftlichen Normen entspricht. Manchmal verraten sich geheime Liebschaften auch von selbst. Nicht selten fällt es Arbeitskollegen oder -kolleginnen auf, dass sich zwei aus der Abteilung plötzlich auffallend gut verstehen und sich in Momenten, in denen sie sich unbeobachtet glauben, oder wenn sie ein Glas Wein zu viel getrunken haben, heimliche Blicke zuwerfen. Meist ist es bloß eine Frage der Zeit, bis das Liebesverhältnis öffentlich wird. Dies ist meist dann der Fall, wenn aus den Blicken tiefe Liebe entsteht. Und diese lässt sich nicht verbergen, zumindest nicht auf die Länge.

Tiefe und lange andauernde Liebe als Folge eines ersten Blickkontakts: Liebe auf den ersten Blick eben. Dem kann sich niemand entziehen, auch wenn sich die Vernunft manchmal gegen eine plötzlich aufkeimende Liebe wehrt. Zwar kann man Gefühle der Liebe fördern, indem man ihnen Nahrung gibt. Oder man kann sie mit Gewalt abwürgen und sie in eine dunkle Ecke des Bewusstseins verbannen, wo sie vor sich hin eitern und sich in Zeiten seelischen Leidens zurückmelden. Liebe kann sich auch in nichts auflösen und eine Partnerschaft von innen her aushöhlen, selbst dann, wenn das von den Beteiligten nicht gewünscht wird. Kurz: Die Liebe lässt sich nicht dem eigenen Willen unterwerfen. Daher kann sie die Quelle von moralischen Tiefs sein, in denen man bei nicht erfüllter Liebe zu nichts mehr Lust hat und am liebsten sterben möchte. Andererseits beglückt sie die Liebenden mit Hochgefühlen, die die Welt in ein rosarotes Licht tauchen. Treffend drückt das ein Liebesbrief aus, den der französische Schriftsteller Viktor Hugo am 15. März 1822 seiner Verlobten Adèle Foucher schrieb. Darin heißt es: »Ich glaube, was ich fühle, ist nicht von dieser Erde. Ich kann nichts damit vergleichen, außer den Himmel.«

Des Dichters Worte belegen: Nicht die immer gleiche Eintönigkeit, der Trott des Alltags, ist das Salz des Lebens, sondern die ständige Gratwanderung zwischen Höhenflug und Absturz. Beispiele dafür gibt es zur Genüge.

Zu den Maß- und Mengenangaben

Bis in die Mitte des 19. Jahrhunderts hatte in der Schweiz jeder Kanton seine besonderen Maße und Gewichte. Selbst innerhalb eines Kantons waren je nach Berufsgattung unterschiedliche Maße üblich. So gebrauchten im Kanton Luzern die Zimmerleute den Nürnberger Fuß, die Maurer, die Steinbrecher und Feldmesser den bedeutend kürzeren Luzerner Stadtfuß. Die übrigen Handwerker benutzten den Pariser Fuß, der wiederum länger war als der Nürnberger Fuß.

In Luzern gebrauchten die Apotheker bis zur Einführung des neuen »Schweizerischen Maß- und Gewichtsystems« (Beschluss des Großen Rats vom 31. Dezember 1836) das Zurzacher Gewicht. Ab 1. Januar 1837 galt das neue Schweizer Pfund. Einzig für die Rezepte blieb das bisherige Apotheker- oder Nürnberger Medizinalgewicht vorläufig noch in Gebrauch.

Da bei historischen Rezepten nicht immer mit Gewissheit gesagt werden kann, welche Unze oder welches Loth im Rezept gemeint ist, empfehlen wir, sich an die nachfolgenden Tabellen zu halten.

Luzerner Apothekergewichte
(gemäß Beschluss des Großen Rats vom 31. Dezember 1836)

Pfund	Unze	Drachme	Scrupel	Gran	Gramm
1	12	96	288	5760	357,951
	1	8	24	480	29,829
		1	3	60	3,729
			1	20	1,243
				1	0,062

Nach der Einführung des Bundesgesetzes über die Maß- und Gewichtsordnung vom 23. Dezember 1851 galten in der ganzen Schweiz folgende Apothekergewichte:

Schweizerische Apothekergewichte
(gemäß Bundesgesetz vom 23. Dezember 1851)

Apotheker-pfund	Unze	Drachme	Scrupel	Gran	Loth (½ Unze)	Gramm
1	12	96	288	5760	24	375
	1	8	24	480	2	31,25
		1	3	60	¼	3,906
			1	20	1/12	1,302
				1	1/240	0,0651

Bibliografie

In dieser Bibliografie sind nur einführende Publikationen sowie Übersichtswerke aufgeführt. Auf Spezialliteratur und historische Werke, die nicht allgemein zugänglich sind, wird direkt im Text verwiesen.

Allardice, Pamela: *Aphrodisiacs and Love Magic,* Bridport 1989.

Andreae, Illa: *Alle Schnäpse dieser Welt. Das internationale Buch der flüssigen Genüsse,* Stuttgart 1973.

Bächtold-Stäubli, Hanns (Hg.): *Handwörterbuch des deutschen Aberglaubens,* mit einem Vorwort von Christoph Daxelmüller, Berlin und New York 1987 (unveränderter Nachdruck der Ausgaben 1927–1942).

Birkner, Othmar: *Die bedrohte Stadt. Cholera in Wien,* Wien 2002 (Forschungen und Beiträge zur Wiener Stadtgeschichte).

Bürgel, Johann, Christoph: Eine Reise in den Orient. Der Wein in der islamischen Dichtung, in: *Du,* Zürich 1994.

Busch, Norbert: *Katholische Frömmigkeit und Moderne. Die Sozial- und Mentalitätsgeschichte des Herz-Jesu-Kultes in Deutschland zwischen Kulturkampf und Erstem Weltkrieg,* Gütersloh 1997.

Delahaye, Marie-Claude, Benoît, Noël: *Absinthe. Muse des peintres,* Paris 1999.

Del Castillo, J., Anderson, M., Rubottom, G. M.: Marijuana, absinthe and the central nervous system, in: *Nature* 253, S. 365–366.

Dinand, August, Paul: *Taschenbuch der Giftpflanzen,* Esslingen und München 1911.

Dorrmann, Michael: »Das asiatische Ungeheuer«. Die Cholera im 19. Jahrhundert, in: Hans Wilderotter (Hg.): *Das große Sterben. Seuchen machen Geschichte,* Dresden 1995, S. 204ff.

Droz, Georges: *Feu l'Absinthe,* mit einem Vorwort von Robert Fernier, Moutier o. J.

Erni, Anton: *Geographische, statistische und geschichtliche Beschreibung der politischen Gemeinde Ruswil,* Willisau 1878.

Furlenmeier, Martin: *Kraft der Heilpflanzen,* Zürich 1978.

Hecht, Laurenz: *Bedeutung, Ursprung und Privilegien der Medaille oder des Kreuzes des heiligen Benedikt dargestellt von Dom Prosper Gueranger Abt des Benediktiner-Klosters Solesmes in Frankreich,* Einsiedeln 1863.

Henglein, Martin: *Die heilende Kraft der Wohlgerüche und Essenzen,* München 1985.

Heuss, Theodor: *Alfred Rethel. Auch ein Totentanz. Holzschnittfolge 1849,* Stuttgart 1957.

Hoffmann-Krayer, Eduard: *Feste und Bräuche des Schweizervolkes,* Zürich 1940.

Jungbauer, Gustav: *Deutsche Volksmedizin. Ein Grundriss,* Berlin und Leipzig 1934.

Lussi, Kurt: *Wind und Wetter. Die bäuerliche Wettervorhersage und Unwetterabwehr,* Wollerau 1994.

Lussi, Kurt: Innerschweizer Liebestränke. Eine Sammlung »vergessener« Rezepte, in: Christian Rätsch et al. (Hg.), *Jahrbuch für Ethnomedizin und Bewusstseinsforschung,* Berlin 1996.

LUSSI, Kurt: *Im Reich der Geister und tanzenden Hexen. Jenseitsvorstellungen, Dämonen und Zauberglaube,* Aarau 2002.
LUSSI, Kurt et. al.: *Lärmen und Butzen. Mythen und Riten zwischen Rhein und Alpen,* Kriens/Luzern 2004.
MOREL, Andreas: *A la mode bâloise,* Separatdruck aus Turicum, Ausgabe Oktober/November 1992, Stäfa 1992.
MOSES: *6./7. Buch Moses.* Einleitung und Bildkommentare von Wolfgang Bauer, Berlin 1984 (Nachdruck eines um 1930 erschienenen volkskundlich bearbeiteten Neudrucks des Buchversands Gutenberg in Dresden).
MOST, Georg, Friedrich: *Encyklopädie der Volksmedicin,* mit einer Einleitung von Karl Frick und Hans Biedermann, Graz 1984 (unveränderter Nachdruck der Ausgabe Leipzig 1843).

OBERLI, Fritz J.: *Das Kochbuch aus der Innerschweiz. Rezepte aus über zwei Jahrtausenden aus der Nabel-Region Europas,* Münster und Zürich 1978.
OSIANDER, Johann Friedrich: *Volksarzneymittel und einfache, nichtpharmazeutische Heilmittel gegen Krankheiten des Menschen,* Heidelberg o. J. (Nachdruck der Ausgabe 1826).
RÄTSCH, Christian; MÜLLER-EBELING, Claudia: *Isoldens Liebestrank. Aphrodisiaka in Geschichte und Gegenwart,* München 1989.
RÄTSCH, Christian: *Die »Orientalischen Fröhlichkeitspillen« und verwandte psychoaktive Aphrodisiaka,* Berlin 1990 (Reihe Ethnomedizin und Bewusstseinsforschung).
RÄTSCH, Christian: *Pflanzen der Liebe. Aphrodisiaka in Mythos, Geschichte und Gegenwart,* Bern und Stuttgart 1990, Aarau 1995.
RÄTSCH, Christian: »Die Grüne Fee«: Absinth in der Schweiz, in: Christian Rätsch et al. (Hg.), *Jahrbuch für Ethnomedizin und Bewusstseinsforschung,* Berlin 1995.
RÄTSCH, Christian: *Enzyklopädie der psychoaktiven Pflanzen. Botanik, Ethnopharmakologie und Anwendung,* Mit einem Vorwort von Albert Hofmann, Aarau 1998.
RÄTSCH, Christian; MÜLLER-EBELING, Claudia: *Lexikon der Liebesmittel. Pflanzliche, mineralische, tierische und synthetische Aphrodisiaka,* Aarau 2003.
RUCK, Carl A.: siehe Wasson et. al.
RYFF, Walther Hermann: *Confect Büchlin vnd Hausz Apoteck,* mit einem Nachwort von Carl Lüdtke, Leipzig 1983 (unveränderter Nachdruck der Ausgabe Frankfurt/Main 1544).
SCHMID, Josef: *Collectanea Chronica und denkwürdige Sachen pro Chronica Lucernensi et Helvetiae* (Quellen und Forschungen zur Kulturgeschichte von Luzern und der Innerschweiz), Bd. 9, Glossar, Luzern 1961.
SCHMID, Josef: *Collectanea Chronica und denkwürdige Sachen pro Chronica Lucernensi et Helvetiae* (Quellen und Forschungen zur Kulturgeschichte von Luzern und der Innerschweiz), Bd. 4, 3. Teil, Luzern 1972.
SCHMIDBAUER, Wolfgang und Jürgen VOM SCHEIDT: *Handbuch der Rauschdrogen,* Frankfurt/Main 1993.
SCHMIDIGER, Andreas: Gewöhnliches Schicksal fremder Kilter im Entlebuch, in: Kunstverein Amt Entlebuch (Hg.), *Entlebucher Brattig,* Schüpfheim 1985, S. 35–39.
SCHRAMM, M. O. et al.: *Die praktische Volksheilkunde. Ein Führer in gesunden und kranken Tagen,* St. Gallen o. J.

SCHULDES, Bert, Marco: *Psychoaktive Pflanzen. Mehr als 65 Pflanzen mit anregender, euphorisierender, beruhigender, sexuell erregender oder halluzinogener Wirkung,* Löhrbach o. J.

SCHÜPBACH, Werner: *Die Bevölkerung der Stadt Luzern 1850–1914,* Luzern und Stuttgart 1983.

STADELMANN, Josef: Chiltschlägerei im Schärlig vom 6./7. Dezember 1903, in: Kunstverein Amt Entlebuch (Hg.), *Entlebucher Brattig,* Schüpfheim 1993.

VON GREYERZ, Otto: Das alte Guggisberger Lied, in: Schweizerische Gesellschaft für Volkskunde (Hg.), *Schweizerisches Archiv für Volkskunde,* Basel 1912.

WALLBERGEN, Johann: *Johann Wallbergens Sammlung Natürlicher Zauberkünste oder aufrichtige Entdeckung vieler, bewährter, lustiger und nützlicher Geheimnüsse, insbesondere denen Wein-Negozianten dienende,* herausgegeben mit einem Essay und einem Register von Christoph Hein, Anmerkungen von Birgit Dietzsch und einer Zeittafel von Rainer Schmitz, Leipzig und Weimar 1988 (veränderter Nachdruck der Ausgabe 1769).

WASSON, R. Gordon; Carl A. RUCK; *Albert Hofmann: Der Weg nach Eleusis,* Frankfurt/Main 1984.

WEISS, Richard: *Volkskunde der Schweiz,* Erlenbach-Zürich 1978.

WERMUTH, Sophie: *Die junge Köchin. Lehrbuch für Koch- und Haushaltungs-Schulen,* Basel 1908.

WICHTL, Max (Hg.): *Teedrogen und Phytopharmaka. Ein Handbuch für die Praxis auf wissenschaftlicher Grundlage,* Stuttgart 2002.

WOLF, Günther: Klosteranlagen und -gärten. Ideal und Wirklichkeit, in: Museen der Stadt Freiburg (Hg.), *Kreutter-Kunst. Begleitbuch zur Ausstellung im Augustinermuseum Freiburg vom 13. Juni bis 27. Juli 1986,* Freiburg 1986.

WUTTKE, Adolf: *Der deutsche Volksglaube der Gegenwart,* Leipzig 1925.

ZIHLMANN, Josef: *Sie rufen mich beim Namen. Menschen, Bräuche, Namen in der Luzerner Landschaft,* Hitzkirch 1982.

ZIHLMANN, Josef: *Volkserzählungen und Bräuche. Handbuch luzernischer Volkskunde,* Hitzkirch 1989.

ZIMMERER, E. M.: *Kräutersegen. Die Bedeutung unserer vorzüglichsten heimischen Heilkräuter,* Augsburg 1987 (Nachdruck der Ausgabe Donauwörth 1896).

Register